Francisco Cândido Xavier

VINHA DE LUZ

Pelo Espírito
de
Emmanuel

1.ª edição

1952

FEDERAÇÃO ESPÍRITA BRASILEIRA
(Departamento Editorial)

Rua Figueira de Melo, 410 e *Avenida Passos*, 30
RIO DE JANEIRO

Esclarecimento ao Leitor

Esta nova edição procura contemplar o texto do autor espiritual Emmanuel, psicografado por Francisco Cândido Xavier, conforme registrado na primeira edição, arquivada e disponível para consulta nos acervos da FEB (Patrimônio do Livro e Biblioteca de Obras Raras).

Dessa forma, as modificações ocorrerão apenas no caso de haver incorreção patente quanto à norma culta vigente da Língua Portuguesa no momento da publicação, ou para atender às diretrizes de normalização editorial previstas no *Manual de Editoração da FEB*, sem prejuízo para o conteúdo da obra nem para o estilo do autor espiritual.

Quando se tratar de caso específico que demandar explicação própria, esta virá como nota de rodapé, para facilitar a compreensão textual.

Para a redação de cada nota explicativa, sempre que necessário foram consultados especialistas das áreas afetas ao tema, como historiadores e linguistas.

A FEB reitera, com esse procedimento, seu respeito às fontes originais e ao fenômeno mediúnico de excelência que foi sempre a marca registrada do inesquecível médium Francisco Cândido Xavier.

FEB Editora
Brasília (DF), 2 de setembro de 2022.

Chico Xavier
Pelo Espírito Emmanuel

Vinha de luz

COLEÇÃO FONTE VIVA

FEB

Copyright © 1952 *by*
FEDERAÇÃO ESPÍRITA BRASILEIRA – FEB

1ª edição – 1ª impressão – 6 mil exemplares – 9/2022

ISBN 978-65-5570-417-4

Esta obra foi revisada com base no texto da primeira edição de 1952.

Todos os direitos reservados. Nenhuma parte desta publicação pode ser reproduzida, armazenada ou transmitida, total ou parcialmente, por quaisquer métodos ou processos, sem autorização do detentor do *copyright*.

FEDERAÇÃO ESPÍRITA BRASILEIRA – FEB
SGAN 603 – Conjunto F – Avenida L2 Norte
70830-106 – Brasília (DF) – Brasil
www.febeditora.com.br
editorial@febnet.org.br
+55 61 2101 6161

Pedidos de livros à FEB
Comercial
Tel.: (61) 2101 6161 – comercial@febnet.org.br

Dados Internacionais de Catalogação na Publicação (CIP)
(Federação Espírita Brasileira – Biblioteca de Obras Raras)

E54v   Emmanuel (Espírito)

        Vinha de luz / pelo Espírito Emmanuel; [psicografado por] Francisco Cândido Xavier – 1. ed. – 1. imp. – Brasília: FEB, 2022.

        400 p.; 23 cm – (Coleção Fonte viva; 3)

        Inclui índice das obras por capítulos e versículos e índice geral

        ISBN 978-65-5570-417-4

        1. Jesus Cristo – Interpretações espíritas. 2. Bíblia e Espiritismo. 3. Obras psicografadas. I. Xavier, Francisco Cândido, 1910–2002. II. Federação Espírita Brasileira. III. Título. IV. Coleção.

                                          CDD 133.93
                                          CDU 133.7
                                          CDE 20.03.00

Sumário

Esclarecimento ao Leitor 2
Brilhe vossa luz 13

1 Quem lê, atenda 15
2 Vê como vives 17
3 O necessário 19
4 Em silêncio 21
5 Com amor 23
6 Multidões 25
7 Aos discípulos 27
8 Marcas 29
9 A luz segue sempre 31
10 Levantai os olhos 33
11 Abre a porta 35
12 Padrão 37
13 Não confundas 39
14 Aproveitamento 41
15 Não entendem 43
16 Tu, porém 45
17 Auxílio eficiente 47
18 Ouçamos atentos 49
19 Executar bem 51
20 Porta estreita 53
21 Oração e renovação 55
22 Corrigendas 57

23	E olhai por vós	59
24	No reino interior	61
25	Apliquemo-nos	63
26	Véus	65
27	Indicação de Pedro	67
28	Em peregrinação	69
29	Guardemos o coração	71
30	De alma desperta	73
31	De ânimo forte	75
32	Em nossa luta	77
33	Vê, pois	79
34	Não basta ver	81
35	Que pedes?	83
36	Facciosismo	85
37	Orientação	87
38	Servicinhos	89
39	Em que perseveras?	91
40	Fé	93
41	Credores diferentes	95
42	Afirmação e ação	97
43	Vós, portanto...	99
44	Saber como convém	101
45	Necessidade essencial	103
46	Crescei	105
47	O povo e o Evangelho	107
48	Cooperemos fielmente	109
49	Exortados a batalhar	111
50	Para o alvo	113

51	Não se envergonhar	115
52	Avareza	117
53	Sementeiras e ceifas	119
54	Fariseus	121
55	Igreja livre	123
56	Maiorais	125
57	Não te afastes	127
58	Crises	129
59	Política Divina	131
60	Que fazeis de especial?	135
61	Também tu	137
62	Resistência ao mal	139
63	Atritos físicos	141
64	Fermento velho	143
65	Cultiva a paz	145
66	Inverno	147
67	Adiante de vós	149
68	No campo	151
69	No serviço cristão	153
70	Guardemos o ensino	155
71	Em nosso trabalho	157
72	Não as palavras	159
73	Falatórios	161
74	Maus obreiros	163
75	Esperança	165
76	Na propaganda eficaz	167
77	Sofrerá perseguições	169
78	Purifiquemo-nos	171

79	Em combate	173
80	Como sofres?	175
81	Estejamos certos	177
82	Sem desfalecimentos	179
83	Examinai	181
84	Somos de Deus	183
85	Substitutos	185
86	Saibamos confiar	187
87	Olhai	189
88	Tu e tua casa	191
89	Na intimidade do ser	193
90	De coração puro	195
91	Migalha e multidão	197
92	Objetivo da fé	199
93	Cães e coisas santas	201
94	Escritura individual	203
95	Procuremos	205
96	Diversidade	207
97	O verbo é criador	209
98	A prece recompõe	211
99	Nos diversos caminhos	213
100	Que fazemos do Mestre?	215
101	Ouvistes?	217
102	Atribulados e perplexos	219
103	Perante a multidão	221
104	Nos mesmos pratos	223
105	Paz do mundo e paz do Cristo	225
106	Como cooperas?	227

107	Joio	229
108	Operemos em Cristo	231
109	Nisto conheceremos	233
110	Caridade essencial	235
111	Sublime recomendação	237
112	Ciência e temperança	239
113	A fuga	241
114	O quadro-negro	243
115	Armai-vos	245
116	Não só	247
117	Para isto	249
118	Queixas	251
119	Fortaleza	253
120	Herdeiros	255
121	Amizade e compreensão	257
122	Hoje, onde estivermos	259
123	Amargura	261
124	O som	263
125	O Senhor mostrará	265
126	Obediência construtiva	267
127	O teu dom	269
128	Liberdade	271
129	Serviço de salvação	273
130	Amai-vos	275
131	Consciência	277
132	Vigilância	279
133	Casa espiritual	281
134	Alfaias	283

135	Pais	285
136	Filhos	287
137	Vida conjugal	289
138	Iluminemos o santuário	291
139	É a santificação	293
140	O capacete	297
141	O escudo	299
142	Tribulações	301
143	Cartas espirituais	303
144	Em meio de lobos	305
145	Demonstrações	307
146	Quem segue	309
147	Nos corações	311
148	Membros divinos	313
149	Escamas	315
150	Dívida de amor	317
151	Ressuscitará	319
152	Cuidados	321
153	Contristação	323
154	Por que desdenhas?	325
155	Tranquilidade	327
156	O vaso	329
157	O remédio salutar	331
158	Transformação	333
159	Brilhar	335
160	Filhos da luz	337
161	Cristãos	339
162	A luz inextinguível	341

163	O irmão	343
164	Acima de nós	345
165	Assim como	347
166	Respostas do Alto	349
167	Nossos irmãos	351
168	Parecem, mas não são	353
169	Enquanto é hoje	355
170	Amanhã	357
171	No campo físico	359
172	Manjares	361
173	O pão divino	363
174	Plataforma do Mestre	365
175	A verdade	367
176	O caminho	369
177	Edificação do Reino	371
178	Obra individual	373
179	Palavras	375
180	Depois...	377

Índice das obras por capítulos e versículos 379
Índice geral 385
Tabela de Edições: *Vinha de luz* 393

Brilhe vossa luz

Meu amigo, no vasto caminho da Terra, cada criatura procura o alimento espiritual que lhe corresponde à posição evolutiva.

A abelha suga a flor, o abutre reclama despojos, o homem busca emoções. Mas ainda mesmo no terreno das emoções, cada espírito exige tipos especiais.

Há sofredores inveterados que outra coisa não demandam além do sofrimento, pessimistas que se enclausuram em nuvens negras, atendendo a propósito deliberado, durante séculos. Suprem a mente de torturas contínuas e não pretendem construir senão a piedade alheia, sob a qual se comprazem.

Temos os ironistas e caçadores de gargalhadas que apenas solicitam motivos para o sarcasmo de que se alimentam.

Observamos os discutidores que devoram páginas respeitáveis, com o único objetivo de recolher contradições para sustentarem polêmicas infindáveis.

Reparamos os temperamentos enfermiços que sorvem tóxicos intelectuais, através de livros menos dignos, com a incompreensível alegria de quem traga envenenado licor.

Nos variados climas do mundo, há quem se nutra de tristeza, de insulamento, de prazer barato, de revolta, de conflitos, de cálculos, de aflições, de mentiras...

O discípulo de Jesus, porém – aquele homem que já se entediou das substâncias deterioradas da experiência transitória –, pede a luz da sabedoria, a fim de aprender a semear o amor em companhia do Mestre...

Para os companheiros que esperam a vida renovada em Cristo, famintos de claridade eterna, foram escritas as páginas deste livro despretensioso.

Dentro dele, não há palavras de revelação sibilina.

Traduz, simplesmente, um esforço para que nos integremos no Evangelho, celeiro divino do nosso pão de imortalidade.

Não é exortação, nem profecia.

É apenas convite.

Convite ao trabalho santificante, planificado no Código do Amor Divino.

Se a candeia ilumina, queimando o próprio óleo, se a lâmpada resplende, consumindo a energia que a usina lhe fornece, ofereçamos a instrumentalidade de nossa vida aos imperativos da perfeição, para que o ensinamento do Senhor se revele, por nosso intermédio, aclarando a senda de nossos semelhantes.

O Evangelho é o Sol da Imortalidade que o Espiritismo reflete, com sabedoria, para a atualidade do mundo.

Brilhe vossa luz! – proclamou o Mestre.

Procuremos brilhar! – repetimos nós.

EMMANUEL
Pedro Leopoldo (MG), 25 de novembro de 1951.

1
Quem lê, atenda

Quem lê, atenda.
JESUS (*Mateus*, 24:15.)

Assim como as criaturas, em geral, converteram as produções sagradas da Terra em objeto de perversão dos sentidos, movimento análogo se verifica no mundo, com referência aos frutos do pensamento.

Frequentemente as mais santas leituras são tomadas à conta de tempero emotivo, destinado às sensações renovadas que condigam com o recreio pernicioso ou com a indiferença pelas obrigações mais justas.

Raríssimos são os leitores que buscam a realidade da vida.

O próprio Evangelho tem sido para os improvidentes e levianos vasto campo de observações pouco dignas.

Quantos olhos passam por ele, apressados e inquietos, anotando deficiências da letra ou catalogando possíveis equívocos, a fim de espalharem sensacionalismo e perturbação? Alinham, com avidez, as contradições aparentes e tocam a malbaratar, com enorme desprezo pelo trabalho alheio, as plantas tenras e dadivosas da fé renovadora.

A recomendação de Jesus, no entanto, é infinitamente expressiva.

É razoável que a leitura do homem ignorante e animalizado represente conjunto de ignominiosas brincadeiras, mas o espírito de religiosidade precisa penetrar a leitura séria, com real atitude de elevação.

O problema do discípulo do Evangelho não é o de ler para alcançar novidades emotivas ou conhecer a Escritura para transformá-la em arena de esgrima intelectual, mas, o de ler para atender a Deus, cumprindo-lhe a Divina Vontade.

2
Vê como vives

*E, chamando dez servos seus, deu-lhes dez minas
e disse-lhes: Negociai até que eu venha.*
Jesus (*Lucas*, 19:13.)

Com a precisa madureza do raciocínio, compreenderá o homem que toda a sua existência é um grande conjunto de negócios espirituais e que a vida, em si, não passa de ato religioso permanente, com vistas aos deveres divinos que nos prendem a Deus.

Por enquanto, o mundo apenas exige testemunhos de fé das pessoas indicadas por detentoras de mandato essencialmente religioso.

Os católicos romanos rodeiam de exigências os sacerdotes, desvirtuando-lhes o apostolado. Os protestantes, na maioria, atribuem aos ministros evangélicos as obrigações mais completas do culto. Os espiritistas reclamam de doutrinadores e médiuns as supremas demonstrações de caridade e pureza, como se a luz e a verdade da Nova Revelação pudessem constituir exclusivo patrimônio de alguns cérebros falíveis.

Urge considerar, porém, que o testemunho cristão, no campo transitório da luta humana, é dever de todos os homens, indistintamente.

Cada criatura foi chamada pela Providência a determinado setor de trabalhos espirituais na Terra.

O comerciante está em negócios de suprimento e de fraternidade.

O administrador permanece em negócios de orientação, distribuição e responsabilidade.

O servidor foi trazido a negócios de obediência e edificação.

As mães e os pais terrestres foram convocados a negócios de renúncia, exemplificação e devotamento.

O carpinteiro está fabricando colunas para o templo vivo do lar.

O cientista vive fornecendo equações de progresso que melhorem o bem-estar do mundo.

O cozinheiro trabalha para alimentar o operário e o sábio.

Todos os homens vivem na Obra de Deus, valendo-se dela para alcançarem, um dia, a grandeza divina. Usufrutuários de patrimônios que pertencem ao Pai, encontram-se no campo das oportunidades presentes, negociando com os valores do Senhor.

Em razão desta verdade, meu amigo, vê o que fazes e não te esqueças de subordinar teus desejos a Deus, nos negócios que por algum tempo te forem confiados no mundo.

3
O necessário

Mas uma só coisa é necessária.
Jesus (*Lucas*, 10:42.)

Terás muitos negócios próximos ou remotos, mas não poderás subtrair-lhes o caráter de lição, porque a morte te descerrará realidades com as quais nem sonhas de leve...

Administrarás interesses vários, entretanto, não poderás controlar todos os ângulos do serviço, de vez que a maldade e a indiferença se insinuam em todas as tarefas, prejudicando o raio de ação de todos os missionários da elevação.

Amealharás enorme fortuna, todavia, ignorarás, por muitos anos, a que região da vida te conduzirá o dinheiro.

Improvisarás pomposos discursos, contudo, desconheces as consequências de tuas palavras.

Organizarás grande movimento em derredor de teus passos, no entanto, se não construíres algo dentro deles para o bem legítimo, cansar-te-ás em vão.

Experimentarás muitas dores, mas, se não permaneceres vigilante no aproveitamento da luta, teus dissabores correrão inúteis.

Exaltarás o direito com o verbo indignado e ardoroso, todavia, é provável não estejas senão estimulando a indisciplina e a ociosidade de muitos.

"Uma só coisa é necessária", asseverou o Mestre, em sua lição a Marta, cooperadora dedicada e ativa.

Jesus desejava dizer que, acima de tudo, compete-nos guardar, dentro de nós mesmos, uma atitude adequada, ante os desígnios do Todo-Poderoso, avançando, segundo o roteiro que nos traçou a Divina Lei. Realizado esse "necessário", cada acontecimento, cada pessoa e cada coisa se ajustarão, a nossos olhos, no lugar que lhes é próprio. Sem essa posição espiritual de sintonia com o Celeste Instrutor, é muito difícil agir alguém com proveito.

4
Em silêncio

Não servindo à vista, como para agradar aos homens, mas como servos do Cristo, fazendo de coração a vontade de Deus.
Paulo (*Efésios*, 6:6.)

Se sabes, atende ao que ignora, sem ofuscá-lo com a tua luz.

Se tens, ajuda ao necessitado, sem molestá-lo com tua posse.

Se amas, não firas o objeto amado com exigências.

Se pretendes curar, não humilhes o doente.

Se queres melhorar os outros, não maldigas ninguém.

Se ensinas a caridade, não te trajes de espinhos, para que teu contato não dilacere os que sofrem.

Tem cuidado na tarefa que o Senhor te confiou.

É muito fácil servir à vista. Todos querem fazê-lo, procurando o apreço dos homens.

Difícil, porém, é servir às ocultas, sem o ilusório manto da vaidade.

É por isto que, em todos os tempos, quase todo o trabalho das criaturas é dispersivo e enganoso. Em geral, cuida-se de obter a qualquer preço as gratificações e as honras humanas.

Tu, porém, meu amigo, aprende que o servidor sincero do Cristo fala pouco e constrói, cada vez mais, com o Senhor, no divino silêncio do espírito...

Vai e serve.

Não te deem cuidado as fantasias que confundem os olhos da carne e nem te consagres aos ruídos da boca.

Faze o bem, em silêncio.

Foge às referências pessoais e aprendamos a cumprir, de coração, a vontade de Deus.

5
Com amor

*E, sobre tudo isto, revesti-vos de caridade,
que é o vínculo da perfeição.*
Paulo (*Colossenses*, 3:14.)

Todo discípulo do Evangelho precisará coragem para atacar os serviços da redenção de si mesmo.

Nenhum dispensará as armaduras da fé, a fim de marchar com desassombro sob tempestades.

O caminho de resgate e elevação permanece cheio de espinhos.

O trabalho constituir-se-á de lutas, de sofrimentos, de sacrifícios, de suor, de testemunhos.

Toda a preparação é necessária, no capítulo da resistência; entretanto, sobre tudo isto é indispensável revestir-se nossa alma de caridade, que é amor sublime.

A nobreza de caráter, a confiança, a benevolência, a fé, a ciência, a penetração, os dons e as possibilidades são fios preciosos, mas o amor é o tear divino que os entrelaçará, tecendo a túnica da perfeição espiritual.

A disciplina e a educação, a escola e a cultura, o esforço e a obra, são flores e frutos na árvore da vida, todavia, o amor é a raiz eterna.

Mas, como amaremos no serviço diário?

Renovemo-nos no espírito do Senhor e compreendamos os nossos semelhantes.

Auxiliemos em silêncio, entendendo a situação de cada um, temperando a bondade com a energia, e a fraternidade com a justiça.

Ouçamos a sugestão do amor, a cada passo, na senda evolutiva.

Quem ama, compreende; e quem compreende, trabalha pelo mundo melhor.

6
Multidões

Tenho compaixão da multidão.
Jesus (*Marcos*, 8:2.)

Os espíritos verdadeiramente educados representam, em todos os tempos, grandes devedores à multidão.

Raros homens, no entanto, compreendem esse imperativo das leis espirituais.

Em geral, o mordomo das possibilidades terrestres, meramente instruído na cultura do mundo, esquiva-se da massa comum, ao invés de ajudá-la. Explora-lhe as paixões, mantém-lhe a ignorância e costuma roubar-lhe o ensejo de progresso. Traça leis para que ela pague os impostos mais pesados, cria guerras de extermínio, em que deva concorrer com os mais elevados tributos de sangue. O sacerdócio organizado, quase sempre, impõe-lhe sombras, enquanto a filosofia e a ciência lhe oferecem sorrisos escarnecedores.

Em todos os tempos e situações políticas, conta o povo com escassos amigos e adversários em legiões.

Acima de todas as possibilidades humanas, entretanto, a multidão dispõe do Amigo Divino.

Jesus prossegue trabalhando.

Ele, que passou no planeta entre pescadores e proletários, aleijados e cegos, velhos cansados e mães aflitas, volta-se para a turba sofredora e alimenta-lhe a esperança, como naquele momento da multiplicação dos pães.

Lembra-te, meu amigo, de que és parte integrante da multidão terrestre.

O Senhor observa o que fazes.

Não roubes o pão da vida; procura multiplicá-lo.

7
Aos discípulos

Mas nós pregamos a Cristo crucificado, que é escândalo para os judeus e loucura para os gregos.
Paulo (*I Coríntios*, 1:23.)

A vida moderna, com suas realidades brilhantes, vai ensinando às comunidades religiosas do Cristianismo que pregar é revelar a grandeza dos princípios de Jesus nas próprias ações diárias.

O homem que se internou pelo território estranho dos discursos, sem atos correspondentes à elevação da palavra, expõe-se, cada vez mais, ao ridículo e à negação.

Há muitos séculos prevalece o movimento de filosofias utilitaristas. E, ainda agora, não escasseiam orientadores que cogitam da construção de palácios egoísticos à base do magnetismo pessoal e psicólogos que ensinam publicamente a sutil exploração das massas.

É nesse quadro obscuro do desenvolvimento intelectual da Terra que os aprendizes do Cristo são expoentes da filosofia edificante da renúncia e da bondade, revelando em suas obras isoladas a experiência divina d'Aquele que preferiu a crucificação ao pacto com o mal.

Novos discípulos, por isso, vão surgindo, além do sacerdócio organizado. Irmãos dos sofredores, dos simples, dos necessitados, os espiritistas cristãos encontram obstáculos terríveis na cultura intoxicada do século e no espírito utilitário das ideias comodistas.

Há quase dois mil anos, Paulo de Tarso aludia ao escândalo que a atitude dos aprendizes espalhava entre os judeus e à falsa impressão de loucura que despertava nos ânimos dos gregos.

Os tempos de agora são aqueles mesmos que Jesus declarava chegados ao planeta; e os judeus e gregos, atualizados hoje nos negocistas desonestos e nos intelectuais vaidosos, prosseguem na mesma posição do início. Entre eles, surge o continuador do Mestre, transmitindo-lhe o ensinamento com o verbo santificado pelas ações testemunhais.

Aparecem dificuldades, sarcasmos e conflitos...

O aprendiz fiel, porém, não se atemoriza.

O comercialismo da avareza permanecerá com o escândalo e a instrução envenenada demorar-se-á com os desequilíbrios que lhe são inerentes. Ele, contudo, seguirá adiante, amando, exemplificando e educando com o Libertador Imortal.

8
Marcas

*Desde agora ninguém me moleste, porque trago
no meu corpo as marcas do Senhor Jesus*
PAULO (*Gálatas*, 6:17.)

Todas as realizações humanas possuem marca própria.

Casas, livros, artigos, medicamentos, tudo exibe um sinal de identificação aos olhos atentos.

Se medida semelhante é aproveitada na lei de uso dos objetos transitórios, não se poderia subtrair o mesmo princípio, na catalogação de tudo o que se refira à Vida Eterna.

Jesus possui igualmente os sinais d'Ele.

A imagem utilizada por Paulo de Tarso, em suas exortações aos gálatas, pode ser mais extensa.

As marcas do Cristo não são apenas as da cruz, mas também as de sua atividade na experiência comum.

Em cada situação, o homem pode revelar uma demonstração do Divino Mestre.

Jesus forneceu padrões educativos em todas as particularidades da sua passagem pelo mundo. O Evangelho no-lo apresenta nos mais diversos quadros, junto ao trabalho, à simplicidade, ao pecado, à pobreza, à alegria, à dor, à glorificação e ao martírio. Sua atitude, em cada posição da vida, assinalou um traço novo de conduta para os aprendizes.

Todos os dias, portanto, o discípulo pode encontrar recursos de salientar suas ações mais comuns com os registos[1] de Jesus.

Quando termine cada dia, passa em revista as pequeninas experiências que partilhaste na estrada vulgar. Observa os sinais com que assinalaste os teus atos, recordando que a marca do Cristo é, fundamentalmente, aquela do sacrifício de si mesmo para o bem de todos.

---
[1] N.E.: Forma pouco usual para o verbo "registrar".

9
A luz segue sempre

*E as suas palavras lhes pareciam como
desvario, e não as creram.*
(*Lucas*, 24:11.)

A perplexidade surgida no dia da Ressurreição do Senhor ainda é a mesma nos tempos que passam, sempre que a natureza divina e invisível ao olhar comum dos homens manifesta suas gloriosas mensagens.

As mulheres devotadas, que se foram em romaria de amor ao túmulo do Mestre, sempre encontraram sucessores. Todavia, são muito raros os Pedros que se dispõem a levantar para a averiguação da verdade.

Em todos os tempos, os transmissores de notícias de Além-Túmulo peregrinaram na Terra, quanto hoje.

As escolas religiosas deturpadas, porém, somente em raras ocasiões aceitaram o valioso concurso que se lhes oferecia.

Nas épocas passadas, todos os instrumentos da revelação espiritual, com raras exceções, foram categorizados como bruxos, queimados na praça pública, e, ainda hoje, são tidos por dementes, visionários e feiticeiros. É que a maioria dos companheiros de jornada humana vivem agarrados aos inferiores interesses de alguns momentos e as palavras da verdade imortalista sempre lhes pareceram consumado desvario. Entregues ao efêmero, não creem na expansão da vida, dentro do infinito e da eternidade, mas a luz da Ressurreição prossegue sempre, inspirando seus missionários ainda incompreendidos.

10
Levantai os olhos

Eis que eu vos digo: Levantai os vossos olhos e vede as terras, que já estão brancas para a ceifa.
JESUS (*João*, 4:35.)

O mundo está cheio de trabalhos ligados ao estômago.

A existência terrestre permanece transbordando emoções relativas ao sexo.

Ninguém contesta o fundamento sagrado de ambos, entretanto, não podemos estacionar numa ou noutra expressão.

Há que levantar os olhos e devassar zonas mais altas. É preciso cogitar da colheita de valores novos, atendendo ao nosso próprio celeiro.

Não se resume a vida a fenômenos de nutrição, nem simplesmente à continuidade da espécie.

Laborioso serviço de iluminação espiritual requisita o homem.

Valiosos conhecimentos reclamam-no a esferas superiores.

Verdades eternas proclamam que a felicidade não é um mito, que a vida não constitui apenas o curto período de manifestações carnais na Terra, que a paz é tesouro dos filhos de Deus, que a grandeza divina é a maravilhosa destinação das criaturas; no entanto, para receber tão altos dons é indispensável erguer os olhos, elevar o entendimento e santificar os raciocínios.

É imprescindível alçar a lâmpada sublime da fé, acima das sombras.

Irmão muito amado, que te conservas sob a divina árvore da vida, não te fixes tão somente nos frutos da oportunidade perdida que deixaste apodrecer, ao abandono... Não te encarceres no campo inferior, a contemplar tristezas, fracassos, desenganos!... Olha para o alto!... Repara as frondes imortais, balouçando-se ao sopro da Providência Divina! Dá-te aos labores da ceifa e observa que, se as raízes ainda se demoram presas ao solo, os ramos viridentes, cheios de frutos substanciosos, avançam no Infinito, na direção dos Céus.

11
Abre a porta

E, havendo dito isto, assoprou sobre eles e disse-
-lhes: Recebei o Espírito Santo.
(João, 20:22.)

Profundamente expressivas as palavras de Jesus aos discípulos, nas primeiras manifestações depois do Calvário.

Comparecendo à reunião dos companheiros, espalha sobre eles o seu espírito de amor e vida, exclamando: "Recebei o Espírito Santo".

Por que não se ligaram as bênçãos do Senhor, automaticamente, aos aprendizes? por que não transmitiu Jesus, pura e simplesmente, o seu poder divino aos sucessores? Ele, que distribuíra dádivas de saúde, bênçãos de paz, recomendava aos discípulos recebessem os divinos dons espirituais. Por que não impor semelhante obrigação?

É que o Mestre não violentaria o santuário de cada filho de Deus, nem mesmo por amor.

Cada espírito guarda seu próprio tesouro e abrirá suas portas sagradas à comunhão com o Eterno Pai.

O Criador oferece à semente o sol e a chuva, o clima e o campo, a defesa e o adubo, o cuidado dos lavradores e a bênção das estações, mas a semente terá que germinar por si mesma, elevando-se para a luz solar.

O homem recebe, igualmente, o Sol da Providência e a chuva de dádivas, as facilidades da cooperação e o campo da oportunidade, a defesa do amor e o adubo do sofrimento, o carinho dos mensageiros de Jesus e a bênção das experiências diversas; todavia, somos constrangidos a romper por nós mesmos os envoltórios inferiores, elevando-nos para a Luz Divina.

As inspirações e os desígnios do Mestre permanecem à volta de nossa alma, sugerindo modificações úteis, induzindo-nos à legítima compreensão da vida, iluminando-nos através da consciência superior, entretanto, está em nós abrir-lhes ou não a porta interna.

Cessemos, pois, a guerra de nossas criações inferiores do passado e entreguemo-nos, cada dia, às realizações novas de Deus, instituídas a nosso favor, perseverando em receber, no caminho, os dons da renovação constante, em Cristo, para a Vida Eterna.

12
Padrão

Porque era homem de bem e cheio do Espírito Santo e de fé. E muita gente se uniu ao Senhor.
(*Atos*, 11:24.)

Alcançar o título de sacerdote, em obediência a meros preceitos do mundo, não representa esforço essencialmente difícil. Bastará a ilustração da inteligência na ordenação convencional.

Ser teólogo ou exegeta não relaciona obstáculos de vulto. Requere-se apenas a cultura intelectual com o estudo acurado dos números e das letras.

Pregar a doutrina não apresenta óbices de relevo. Pede-se tão só a ênfase ligada à correta expressão verbalista.

Receber mensagens do Além e transmiti-las a outrem pode ser a cópia do serviço postal do mundo.

Aconselhar os que sofrem e fornecer elementos exteriores de iluminação constituem serviços peculiares a qualquer homem que use sensatamente a palavra.

Sondagens e pesquisas, indagações e análises são velhos trabalhos da curiosidade humana.

Unir almas ao Senhor, porém, é atividade para a qual não se prescinde do apóstolo.

Barnabé, o grande cooperador do Mestre, em Jerusalém, apresenta as linhas fundamentais do padrão justo.

Vejamos a aplicação do ensinamento à nossa tarefa cristã.

Todos podem transmitir recados espirituais, doutrinar irmãos e investigar a fenomenologia, mas para imantar corações em Jesus Cristo é indispensável sejamos fiéis servidores do Bem, trazendo o cérebro repleto de inspiração superior e o coração inflamado na fé viva.

Barnabé iluminou a muitos companheiros "porque era homem de bem, cheio do Espírito Santo e de fé".

Jamais olvidemos semelhante lição dos *Atos*. Trata-se de padrão que não poderemos esquecer.

13
Não confundas

Porque a Escritura diz: Todo aquele que n'Ele crer não será confundido.
Paulo (*Romanos*, 10:11.)

Em todos os círculos do Cristianismo há formas diversas quanto à crença individual.

Há católicos romanos que restringem ao padre o objeto de confiança; reformistas evangélicos que se limitam à fórmula verbal e espiritistas que concentram todas as expressões da fé na organização mediúnica.

É natural, portanto, a colheita de desilusões.

Em todos os lugares, há sacerdotes que não satisfazem, fórmulas verbalistas que não atendem e médiuns que não solucionam todas as necessidades.

Além disso, temos a considerar que toda crença cega, distante do Cristo, pode redundar em séria perturbação... Quase sempre, os devotos não pedem algo mais que a satisfação egoística no culto comum, no sentimento rudimentar de religiosidade, e, daí, os desastres do coração.

O discípulo sincero, em todas as circunstâncias, compreende a probabilidade de falência na colaboração humana e, por isso, coloca o ensino de Jesus, acima de tudo.

O Mestre não veio ao mundo operar a exaltação do egoísmo individual, e, sim, traçar um roteiro definitivo às criaturas, instituindo trabalho edificante e revelando os objetivos sublimes da vida.

Lembra sempre que a tua existência é jornada para Deus.

Em que objeto centralizas a tua crença, meu amigo? Recorda que é necessário crer sinceramente em Jesus e segui-lo, para não sermos confundidos.

14
Aproveitamento

Medita estas coisas; ocupa-te nelas para que o teu aproveitamento seja manifesto a todos.
Paulo (*I Timóteo*, 4:15.)

Geralmente, o primeiro impulso dos que ingressam na fé constitui a preocupação de transformar compulsoriamente os outros.

Semelhante propósito, às vezes, raia pela imprudência, pela obsessão. O novo crente flagela a quantos lhe ouvem os argumentos calorosos, azorragando costumes, condenando ideias alheias e violentando situações, esquecido de que a experiência da alma é laboriosa e longa e de que há muitas esferas de serviço na casa de Nosso Pai.

Aceitar a boa doutrina, decorar-lhe as fórmulas verbais e estender-lhe os preceitos são tarefas importantes, mas aproveitá-la é essencial.

Muitos companheiros apregoam ensinamentos valiosos, todavia, no fundo, estão sempre inclinados a rudes conflitos, em face da menor alfinetada no caminho da crença. Não toleram pequeninos aborrecimentos domésticos e mantêm verdadeiro jogo de máscaras em todas as posições.

A palavra de Paulo, no entanto, é muito clara.

A questão fundamental é de aproveitamento.

Indubitável que a cultura doutrinária representa conquista imprescindível ao seguro ministério do bem; contudo, é imperioso reconhecer que se o coração do crente ambiciona a santificação de si mesmo, a caminho das zonas superiores da vida, é indispensável se ocupe nas coisas sagradas do espírito, não por vaidade, mas para que o seu justo aproveitamento seja manifesto a todos.

15
Não entendem

Querendo ser doutores da lei, e não entendendo nem o que dizem nem o que afirmam.
Paulo (*I Timóteo*, 1:7.)

Em todos os lugares surgem multidões que abusam da palavra.

Avivam-se discussões destrutivas, na esfera da ciência, da política, da filosofia, da religião. Todavia, não somente nesses setores da atividade intelectual se manifestam semelhantes desequilíbrios.

A sociedade comum, em quase todo o mundo, é campo de batalha, nesse particular, em vista da condenável influência dos que se impõem por doutores em informações descabidas. Pretensiosas autoridades nos pareceres gratuitos, espalham a perturbação geral, adiam realizações edificantes, destroem grande parte dos germens do bem, envenenam fontes de generosidade e fé e, sobretudo, alterando as correntes do progresso, convertem os santuários domésticos em trincheiras da hostilidade *cordial*.

São esses envenenadores inconscientes que difundem a desarmonia, não entendendo o que afirmam.

Quem diz, porém, alguma coisa está semeando algo no solo da vida, e quem determina isto ou aquilo está consolidando a semeadura.

Muitos espíritos nobres são cultivadores das árvores da verdade, do bem e da luz; entretanto, em toda parte movimentam-se também os semeadores do escalracho da ignorância, dos cardos da calúnia, dos espinhos da maledicência. Através deles opera-se a perturbação e o estacionamento. Abusam do verbo, mas pagam a leviandade a dobrado preço, porquanto, embora desejem ser doutores da lei e por mais intentem confundir-lhe os parágrafos e ainda que dilatem a própria insensatez por muito tempo, mais se aproximam dos resultados de suas ações, no círculo das quais, essa mesma lei lhes impõe as realidades da Vida Eterna, através da desilusão, do sofrimento e da morte.

16
Tu, porém

Tu, porém, fala o que convém à sã doutrina.
PAULO (*Tito*, 2:1.)

Desde que não permaneças em temporária inibição do verbo, serás assediado a falar em todas as situações.

Convocar-te-ão a palavra os que desejam ser bons e os deliberadamente maus, os cegos das estradas sombrias e os caminheiros das sendas tortuosas.

Corações perturbados pretenderão arrancar-te expressões perturbadoras.

Caluniadores induzir-te-ão a caluniar.

Mentirosos levar-te-ão a mentir.

Levianos tentarão conduzir-te à leviandade.

Ironistas buscarão localizar-te a alma no falso terreno do sarcasmo.

Compreende-se que procedam assim, porquanto são ignorantes, distraídos da iluminação espiritual. Cegos desditosos sem o saberem, vão de queda em queda, desastre a desastre, criando a desventura de si mesmos.

Tu, porém, que conheces o que eles desconhecem, que cultivas na mente valores espirituais que ainda não cultivam, toma cuidado em usar o verbo, como convém ao Espírito do Cristo que nos rege os destinos. É muito fácil falar aos que nos interpelam, de maneira a satisfazê-los, e não é difícil replicar-lhes como convém aos nossos interesses e conveniências particulares; todavia, dirigirmo-nos aos outros, com a prudência amorosa e com a tolerância educativa, como convém à sã doutrina do Mestre, é tarefa complexa e enobrecedora, que requisita a ciência do bem no coração e o entendimento evangélico nos raciocínios.

Que os ignorantes e os cegos da alma falem desordenadamente, pois não sabem, nem veem... Tu, porém, acautela-te nas criações verbais, como quem não se esquece das contas naturais a serem acertadas no dia próximo.

17
Auxílio eficiente

E abrindo a sua boca os ensinava.
(*Mateus*, 5:2.)

O homem que se distancia da multidão raramente assume posição digna à frente dela.

Em geral, quem recebe autoridade cogita de encastelar-se em zona superior.

Quem alcança patrimônio financeiro elevado costuma esquecer os que lhe foram companheiros do princípio e traça linhas divisórias humilhantes para que os necessitados não o aborreçam.

Quem aprimora a inteligência, quase sempre abusa das paixões populares facilmente exploráveis.

E a massa, na maioria das regiões do mundo, prossegue relegada a si própria.

A política inferior converte-a em joguete de manobra comum.

O comércio desleal nela procura o filão de lucros exorbitantes.

O intelectualismo vaidoso envolve-a nas expansões do pedantismo que lhe é peculiar.

De época em época, a multidão é sempre objeto de escárnio ou desprezo pelas necessidades espirituais que lhe caracterizam os movimentos e atitudes.

Raríssimos são os homens que a ajudam a escalar o monte iluminativo. Pouquíssimos mobilizam recursos no amparo social.

Jesus, porém, traçou o programa desejável, instituindo o auxílio eficiente. Observando que os filhos do povo se aproximavam d'Ele, começou a ensinar-lhes o caminho reto, dando-nos a perceber que a obra educativa da multidão desafia os religiosos e cientistas de todos os tempos.

Quem se honra, pois, de servir a Jesus, imite-lhe o exemplo. Ajude o irmão mais próximo a dignificar a vida, a edificar-se pelo trabalho sadio e a sentir-se melhor.

18
Ouçamos atentos

Buscai primeiro o Reino de Deus e sua justiça.
JESUS (*Mateus*, 6:33.)

Apesar de todos os esclarecimentos do Evangelho, os discípulos encontram dificuldade para equilibrar, convenientemente, a bússola do coração.

Recorre-se à fé, na sede de paz espiritual, no anseio de luz, na pesquisa da solução aos problemas graves do destino. Todavia, antes de tudo, o aprendiz costuma procurar a realização dos próprios caprichos; o predomínio das opiniões que lhe são peculiares; a subordinação de outrem aos seus pontos de vista; a submissão dos demais à força direta ou indireta de que é portador; a consideração alheia ao seu modo de ser; a imposição de sua autoridade personalíssima; os caminhos mais agradáveis; as comodidades fáceis do dia que passa; as respostas favoráveis aos seus intentos e a plena satisfação própria no imediatismo vulgar.

Raros aceitam as condições do discipulado.

Em geral, recusam o título de seguidores do Mestre. Querem ser favoritos de Deus.

Conhecemos, no entanto, a natureza humana, da qual ainda somos partícipes, não obstante a posição de espíritos desencarnados. E sabemos que a vida burilará todas as criaturas nas águas lustrais da experiência.

Lutaremos, sofreremos e aprenderemos, nas variadas esferas de luta evolutiva e redentora.

Considerando, porém, a extensão das bênçãos que nos felicitam a estrada, acreditamos seria útil à nossa felicidade e equilíbrio permanentes ouvir, com atenção, as palavras do Senhor: "Buscai primeiro o Reino de Deus e sua justiça".

19

Executar bem

E Ele lhes disse: – Não peçais mais do que o que vos está ordenado.
João Batista (*Lucas*, 3:13.)

    A advertência de João Batista à massa inquieta é dos avisos mais preciosos do Evangelho.

    A ansiedade é inimiga do trabalho frutuoso.

    A precipitação determina desordens e recapitulações consequentes.

    Toda atividade edificante reclama entendimento.

    A palavra do Precursor não visa a anular a iniciativa ou diminuir a responsabilidade, mas recomenda espírito de precisão e execução nos compromissos assumidos.

    As realizações prematuras ocasionam grandes desperdícios de energia e atritos inúteis.

    Nos círculos evangélicos da atualidade, o conselho de João Batista deve ser especialmente lembrado.

    Quantos pedem novas mensagens espirituais, sem haver atendido a sagradas recomendações das mensagens velhas? quantos aprendizes aflitos por transmitir a verdade ao povo, sem haver cumprido ainda a menor parcela de responsabilidade para com o lar que formaram no mundo? Exigem revelações, emoções e novidades, esquecidos de que também existem deveres inalienáveis desafiando o espírito eterno.

O programa individual de trabalho da alma, no aprimoramento de si mesma, na condição de encarnada ou desencarnada, é lei soberana.

Inútil enganar o homem a si mesmo com belas palavras, sem lhes aderir intimamente, ou recolher-se à proteção de terceiros, na esfera da carne ou nos círculos espirituais que lhe são próximos.

De qualquer modo, haverá na experiência de cada um de nós a ordenação do Criador e o serviço da criatura.

Não basta multiplicar as promessas ou pedir variadas tarefas ao mesmo tempo. Antes de tudo, é indispensável receber a ordenação do Senhor, cada dia, e executá-la do melhor modo.

20
Porta estreita

Porfiai por entrar pela porta estreita, porque Eu vos digo que muitos procurarão entrar, e não poderão.
JESUS (*Lucas*, 13:24.)

Antes da reencarnação necessária ao progresso, a alma estima na "porta estreita" a sua oportunidade gloriosa nos círculos carnais.

Reconhece a necessidade do sofrimento purificador. Anseia pelo sacrifício que redime. Exalta o obstáculo que ensina. Compreende a dificuldade que enriquece a mente e não pede outra coisa que não seja a lição, nem espera senão a luz do entendimento que a elevará nos caminhos infinitos da vida.

Obtém o vaso frágil de carne, em que se mergulha para o serviço de retificação e aperfeiçoamento.

Reconquistando, porém, a oportunidade da existência terrestre, volta a procurar as "portas largas" por onde transitam as multidões.

Fugindo à dificuldade, empenha-se pelo menor esforço.

Temendo o sacrifício, exige a vantagem pessoal.

Longe de servir aos semelhantes, reclama os serviços dos outros para si.

E, no sono doentio do passado, atravessa os campos de evolução, sem algo realizar de útil, menosprezando os compromissos assumidos.

Em geral, quase todos os homens somente acordam quando a enfermidade lhes requisita o corpo às transformações da morte.

"Ah! se fosse possível voltar!..." – pensam todos.

Com que aflição acariciam o desejo de tornar a viver no mundo, a fim de aprenderem a humildade, a paciência e a fé!... com que transporte de júbilo se devotariam então à felicidade dos outros!...

Mas... é tarde. Rogaram a "porta estreita" e receberam-na, entretanto, recuaram no instante do serviço justo. E porque se acomodaram muito bem nas "portas largas", volvem a integrar as fileiras ansiosas daqueles que procuram entrar, de novo, e não conseguem.

21
Oração e renovação

Holocaustos e oblações pelo pecado não te agradaram.
PAULO (*Hebreus*, 10:6.)

É certo que todo trabalho sincero de adoração espiritual nos levanta a alma, elevando-nos os sentimentos.

A súplica, no remorso, traz-nos a bênção das lágrimas consoladoras. A rogativa na aflição dá-nos a conhecer a deficiência própria, ajudando-nos a descobrir o valor da humildade. A solicitação na dor revela-nos a fonte sagrada da Inesgotável Misericórdia.

A oração refrigera, alivia, exalta, esclarece, eleva, mas, sobretudo, afeiçoa o coração ao serviço divino. Não olvidemos, porém, de que os atos íntimos e profundos da fé são necessários e úteis a nós próprios.

Na essência, não é o Senhor quem necessita de nossas manifestações votivas, mas somos nós mesmos que devemos aproveitar a sublime possibilidade da repetição, aprendendo com a sabedoria da vida.

Jesus espera por nossa renovação espiritual, acima de tudo.

Se erraste, é preciso procurar a porta da retificação.

Se ofendeste a alguém, corrige-te na devida reconciliação.

Se te desviaste da senda reta, volta ao caminho direito.

Se te perturbaste, harmoniza-te de novo.

Se abrigaste a revolta, recupera a disciplina de ti mesmo.

Em qualquer posição de desequilíbrio, lembra-te de que a prece pode trazer-te sugestões divinas, ampliar-te a visão espiritual e proporcionar-te consolações abundantes; todavia, para o Senhor não bastam as posições convencionais ou verbalistas.

O Mestre confere-nos a Dádiva e pede-nos a Iniciativa.

Nos teus dias de luta, portanto, faze os votos e promessas que forem de teu agrado e proveito, mas não te esqueças da ação e da renovação aproveitáveis na obra divina do mundo e sumamente agradáveis aos olhos do Senhor.

22
Corrigendas

*Porque o Senhor corrige ao que ama e açoita
a qualquer que recebe por filho.*
PAULO (*Hebreus*, 12:6.)

Quando os discípulos do Evangelho começam a entender o valor da corrigenda, eleva-se-lhes a mente a planos mais altos da vida.

Naturalmente que o Pai ama a todos os filhos, no entanto, os que procuram compreendê-lo perceberão, de mais perto, o amor divino.

Máxima identificação com o Senhor representa máxima capacidade sentimental.

Chegado a essa posição, penetra o espírito em outras zonas de serviço e aprendizado.

A princípio, doem-lhe as corrigendas, atormentam-no os açoites da experiência, entretanto, se sabe vencer nas primeiras provas, entra no conhecimento das próprias necessidades e aceita a luta por alimento espiritual e o testemunho de serviço diário por indispensável expressão da melhoria de si mesmo.

A vida está repleta de lições nesse particular.
O mineral dorme.
A árvore sonha.
O irracional atende ao impulso.
O homem selvagem obedece ao instinto.
A infância brinca.
A juventude idealiza.
O espírito consciente esforça-se e luta.

O homem renovado e convertido a Jesus, porém, é o filho do Céu, colocado entre as zonas inferiores e superiores do caminho evolutivo. Nele, o trabalho de iluminação e aperfeiçoamento é incessante; deve, portanto, ser o primeiro a receber as corrigendas do Senhor e os açoites da retificação paterna.

Se te encontras, pois, mais perto do Pai, aprende a compreender o amor da educação divina.

23
E olhai por vós

E olhai por vós, não aconteça que os vossos corações se carreguem de glutonaria, de embriaguez e dos cuidados desta vida, e venha sobre vós de improviso aquele dia.
JESUS (*Lucas*, 21:34.)

Em geral, o homem se interessa por tudo quanto diga respeito ao bem-estar imediato da existência física, descuidando-se da vida espiritual, a sobrecarregar sentimentos de vícios e inquietações de toda sorte. Enquanto lhe sobra tempo para comprar aflições no vasto noticiário dos planos inferiores da atividade terrena, nunca encontra oportunidade para escassos momentos de meditação elevada. Fixa com interesse as ondas destruidoras de ódio e treva que assolam nações, mas não vê, comumente, as sombras que o invadem. Vasculha os males do vizinho e distrai-se dos que lhe são próprios.

Não cuida senão de alimentar convenientemente o veículo físico, mergulhando-se no mar de fantasias ou encarcerando-se em laços terríveis de dor, que ele próprio cria, ao longo do caminho.

Depois de plasmar escuros fantasmas e de nutrir os próprios verdugos, clama, desesperado, por Jesus e seus mensageiros.

O Mestre, porém, não se descuida em tempo algum e, desde muito, recomendou vele cada um por si, na direção da espiritualidade superior.

Sabia o Senhor quanto é amargo o sofrimento de improviso e não nos faltou com o roteiro, antecedendo-nos a solicitação, há muitos séculos.

Retire-se cada um dos excessos na satisfação egoística, fuja ao relaxamento do dever, alije as inquietações mesquinhas – e estará preparado à sublime transformação.

Em verdade, a Terra não viverá indefinidamente, sem contas; contudo, cada aprendiz do Evangelho deve compreender que o instante da morte do corpo físico é dia de juízo no mundo de cada homem.

24
No reino interior

*Sigamos, pois, as coisas que contribuem para a paz
e para a edificação de uns para com os outros.*
Paulo (*Romanos*, 14:19.)

Não podemos esperar, por enquanto, que o Evangelho de Jesus obtenha vitória imediata no espírito dos povos. A influência dele é manifesta no mundo, em todas as coletividades; entretanto, e nos referindo às massas humanas, somos compelidos a verificar que toda transformação é vagarosa e difícil.

Não acontece o mesmo, porém, na esfera particular do discípulo. Cada espírito possui o seu reino de sentimentos e raciocínios, ações e reações, possibilidades e tendências, pensamentos e criações.

Nesse plano, o ensino evangélico pode exteriorizar-se em obras imediatas.

Bastará que o aprendiz se afeiçoe ao Mestre.

Enquanto o trabalhador espia questões do mundo externo, o serviço estará perturbado. De igual maneira, se o discípulo não atende às diretrizes que servem à paz edificante, no lugar onde permanece, e se não aproveita os recursos em mão para concretizar a verdadeira fraternidade, seu reino interno estará dividido e atormentado, sob a tormenta forte.

Não nos entreguemos, portanto, ao desequilíbrio de forças em homenagens ao mal, através de comentários alusivos à deficiência de muitos dos nossos irmãos, cujo barco ainda não aportou à praia do justo entendimento.

O caminho é infinito e o Pai vela por todos.

Auxiliemos e edifiquemos.

Se és discípulo do Senhor, aproveita a oportunidade na construção do bem. Semeando paz, colherás harmonia; santificando as horas com o Cristo, jamais conhecerás o desamparo.

25

Apliquemo-nos

E os nossos aprendam também a aplicar-se às boas obras, nas coisas necessárias, para que não sejam infrutuosos.
Paulo (*Tito*, 3:14.)

É preciso crer na bondade, todavia, é indispensável movimentarmo-nos com ela, no serviço de elevação.

É necessário guardar a fé, contudo, se não a testemunhamos, nos trabalhos de cada dia, permaneceremos na velha superfície do palavrório.

Claro que todos devemos aprender o caminho da iluminação, entretanto, se nos não dispomos a atravessá-lo, não passaremos da atitude verbalista.

Há no Espiritismo cristão palpitantes problemas para os discípulos de todas as situações.

É muito importante o conhecimento do bem, mas que não esqueçamos as boas obras; é justo se nos dilate a esperança, diante do futuro, à frente da sublimidade dos outros mundos em glorioso porvir, mas não olvidemos os pequeninos deveres da hora que passa.

De outro modo, seríamos legiões de servidores, incapazes de trabalhar, belas figuras na vitrine das ideias, sem qualquer valor na vida prática.

A Natureza costuma apresentar lindas árvores que se cobrem de flores e jamais frutificam; o céu, por vezes, mostra nuvens que prometem chuva e se desfazem sem qualquer benefício à terra sedenta.

As escolas religiosas, igualmente, revelam grande número de demonstrações dessa ordem. São os crentes promissores e infrutuosos, que a todos iludem pelo aspecto brilhante. Dia virá, porém, no qual se certificarão de que é sempre melhor fazer para ensinar depois, que ensinar sempre sem fazer nunca.

26
Véus

Mas, quando se converterem ao Senhor, então o véu se tirará.
Paulo (*II Coríntios*, 3:16.)

Não é fácil rasgar os véus que ensombram a mente humana.

Quem apenas analisa, pode ser defrontado por dificuldades inúmeras, demorando-se muito tempo nas interpretações alheias.

Quem somente se convence, pode tender ao dogmatismo feroz.

Muitos cientistas e filósofos, escritores e pregadores assemelham-se aos pássaros de bela plumagem, condenados a baixo voo em cipoais extensos. Vigorosas inteligências, temporariamente frustradas por véus espessos, estão sempre ameaçadas de surpresas dolorosas, por não se afeiçoarem, realmente, às verdades que elas mesmas admitem e ensinam.

Exportadores de teorias, olvidam os tesouros da prática e daí as dúvidas e negações que, por vezes, lhes assaltam o entendimento. Esperam o bem que ainda não semearam e exigem patrimônios que não construíram, por descuidados de si próprios.

Conseguem teorizar valorosamente, aconselhar com êxito, mas, nos grandes momentos da vida, sentem-se perplexos, confundidos, desalentados... É que lhes falta a verdadeira transformação para o bem, com o Cristo, e, para que sintam efetivamente a vida eterna com o Senhor, é indispensável se convertam ao serviço de redenção. Somente quando chegam a semelhante cume espiritual é que se libertam dos véus pesados que lhes obscurecem o coração e o entendimento, atingindo as esferas superiores, em voos sublimes para a Divindade.

27
Indicação de Pedro

Aparte-se do mal, e faça o bem; busque a paz, e siga-a.
(I Pedro, 3:11.)

A indicação do grande apóstolo, para que tenhamos dias felizes, parece extremamente simples pelo reduzido número de palavras, mas revela um campo imenso de obrigações.

Não é fácil apartar-se do mal, consubstanciado nos desvios inúmeros de nossa alma através de consecutivas reencarnações, e é muito difícil praticar o bem, dentro das nocivas paixões pessoais que nos empolgam a personalidade, cabendo-nos ainda reconhecer que, se nos conservarmos envolvidos na túnica pesada de nossos velhos caprichos, é impossível buscar a paz e segui-la.

Cegaram-nos males numerosos, aos quais nos inclinamos nas sendas evolutivas, e, acostumados ao exclusivismo e ao atrito inútil, no desperdício de energias sagradas, ignoramos como procurar a tranquilidade consoladora. Esta é a situação real da maioria dos encarnados e de grande parte dos desencarnados que se acomodam aos círculos do homem, porque a morte física não soluciona problemas que condizem com o foro íntimo de cada um.

A palavra de Pedro, desse modo, vale por desafio generoso.

Nosso esforço deve convergir para a grande realização.

Dilacere-se-nos o ideal ou fira-se-nos a alma, apartemo-nos do mal e pratiquemos o bem possível, identifiquemos a verdadeira paz e sigamo-la. E, tão logo alcancemos as primeiras expressões do sublime serviço, referente à própria edificação, lembremo-nos de que não basta evitar o mal e sim nos afastarmos dele, semeando sempre o bem, e que não vale tão somente desejar a paz, mas buscá-la e segui-la com toda a persistência de nossa fé.

28
Em peregrinação

*Porque não temos aqui cidade permanente,
mas buscamos a futura.*
Paulo (*Hebreus*, 13:14.)

Risível é o instinto de apropriação indébita que assinala a maioria dos homens.

Não será a Terra comparável a grande carro cósmico, onde se encontra o espírito em viagem educativa?

Se a criatura permanece na abastança material, apenas excursiona em aposentos mais confortáveis.

Se respira na pobreza, viaja igualmente com vistas ao mesmo destino, apesar da condição de segunda classe transitória.

Se apresenta notável figuração física, somente enverga efêmera vestidura de aspecto mais agradável, através de curto tempo, na jornada empreendida.

Se exibe traços menos belos ou caracterizados de evidentes imperfeições, vale-se de indumentária tão passageira quanto a mais linda roupagem do próximo, na peregrinação em curso.

Por mais que o impulso de propriedade ateie fogueiras de perturbações e discórdias, na maquinaria do mundo, a realidade é que homem algum possui no chão do planeta domicílio permanente. Todos os patrimônios materiais a que se atira, ávido de possuir, se desgastam e transformam. Nos bens que incorpora ao seu nome, até o corpo que julga exclusivamente seu, ocorrem modificações cada dia, impelindo-o a renovar-se e melhorar-se para a eternidade.

Se não estás cego, pois, para as leis da vida, se já despertaste para o entendimento superior, examina, a tempo, onde te deixará, provisoriamente, o comboio da experiência humana, nas súbitas paradas da morte.

29
Guardemos o coração

*O homem de coração dobre é inconstante
em todos os seus caminhos.
(Tiago, 1:8.)*

Urge reconhecer que no sentimento reside o controle da vida.

Na romagem terrestre, múltiplos são os caminhos que conduzem ao aperfeiçoamento.

Fartura e escassez, formosura e fealdade, alegria e sofrimento, liberdade e tolhimento, podem aliciar excelentes possibilidades de realização humana para a espiritualidade superior.

O homem de coração dobre, porém, é infiel às bênçãos divinas em todos os setores da luta construtiva.

Se recebe talentos da riqueza terrestre, entrega-se, comumente, às alucinações da vaidade.

Se detém os dons da pobreza, liga-se, quase sempre, aos monstros da inconformação.

Se possui belo corpo, dá-se, em via de regra, aos excessos destruidores.

Se dispõe de vaso orgânico defeituoso, na maioria dos casos perde o tempo em desespero inútil.

No prazer, é incontido.

Na dor, é revoltado.

Quando livre, oprime os irmãos e escraviza-os.

Quando subalterno, perturba os semelhantes e insinua a indisciplina.

O sentimento é o santuário da criatura. Sem luz aí dentro, é impossível refletir a paz luminosa que flui incessantemente de Cima.

Ofereçamos ao Senhor um coração firme e terno para que as Divinas Mãos nele gravem os Augustos Desígnios. Atendida semelhante disposição em nossa vida íntima, encontraremos em todos os caminhos o abençoado lugar de cooperadores da Divina Vontade.

30
De alma desperta

Por isso te lembro despertes o dom de Deus que existe em ti.
Paulo (*II Timóteo*, 1:6.)

É indispensável muito esforço de vontade para não nos perdermos indefinidamente na sombra dos impulsos primitivistas.

À frente dos milênios passados, em nosso campo evolutivo, somos suscetíveis de longa permanência nos resvaladouros do erro, cristalizando atitudes em desacordo com as Leis Eternas.

Para que não nos demoremos no fundo dos precipícios, temos ao nosso dispor a luz da Revelação Divina, dádiva do Alto, que, em hipótese alguma, devemos permitir se extinga em nós.

Em face da extensa e pesada bagagem de nossas necessidades de regeneração e aperfeiçoamento, as tentações para o desvio surgem com esmagadora percentagem sobre as sugestões de prosseguimento no caminho reto, dentro da ascensão espiritual.

Nas menores atividades da luta humana, o aprendiz é influenciado a permanecer às escuras.

Nas palestras comuns, cercam-no insinuações caluniosas e descabidas. Nos pensamentos habituais, recebe mil e um convites desordenados das zonas inferiores. Nas aplicações da justiça, é compelido a difíceis recapitulações, em virtude do demasiado individualismo do pretérito que procura perpetuar-se. Nas ações de trabalho, em obediência às determinações da vida, é, muita vez, levado a buscar descanso indevido. Até mesmo na alimentação do corpo é conduzido a perigosas convocações ao desequilíbrio.

Por essa razão, Paulo aconselhava ao companheiro não olvidasse a necessidade de acordar o "dom de Deus", no altar do coração.

Que o homem sofrerá tentações, que cairá muitas vezes, que se afligirá com decepções e desânimos, na estrada iluminativa, não padece dúvida para nenhum de nós, irmãos mais velhos em experiência maior; entretanto, é imprescindível marcharmos de alma desperta, na posição de reerguimento e reedificação, sempre que necessário.

Que as sombras do passado nos fustiguem, mas que jamais nos esqueçamos de reacender a própria luz.

31
De ânimo forte

*Porque Deus não nos deu o espírito de temor,
mas de fortaleza, amor e moderação.*
Paulo *(II Timóteo, 1:7.)*

Não faltam recursos de trabalho espiritual a todo irmão que deseje reerguer-se, aprimorar-se, elevar-se.

Lacunas e necessidades, problemas e obstáculos desafiam o espírito de serviço dos companheiros de fé, em toda parte.

A ignorância pede instrutores, a dor reclama enfermeiros, o desespero suplica orientadores.

Onde, porém, os que procuram abraçar o trabalho por amor de servir?

Com raras exceções, observamos, na maioria das vezes, a fuga, o pretexto, o retraimento.

Aqui, há temor de responsabilidade; ali, receios da crítica; acolá, pavor de iniciativa a benefício de todos.

Como poderá o artista fazer ouvir a beleza da melodia se lhe foge o instrumento?

Nesse caso, temos em Jesus o Artista Divino e em nós outros, encarnados e desencarnados, os instrumentos d'Ele para a eterna melodia do bem no mundo.

Se algemamos o coração ao medo de trabalhar em benefício coletivo, como encontrar serviço feito que tranquilize e ajude a nós mesmos? como recolher felicidade que não semeamos ou amealhar dons de que nos afastamos suspeitosos?

Onde esteja a possibilidade de sermos úteis, avancemos, de ânimo forte, para a frente, construindo o bem, ainda que defrontados pela ironia, pela frieza ou pela ingratidão, porque, conforme a palavra iluminada do apóstolo aos gentios, "Deus não nos deu o espírito de temor, mas de fortaleza, amor e moderação".

32
Em nossa luta

Segundo o poder que o Senhor me deu para edificação, e não para destruição.
Paulo (*II Coríntios*, 13:10.)

Em nossa luta diária, tenhamos suficiente cuidado no uso dos poderes que nos foram emprestados pelo Senhor.

A ideia de destruição assalta-nos a mente em ocasiões incontáveis.

Associações de forças menos esclarecidas no bem e na verdade?

Somos tentados a movimentar processos de aniquilamento.

Companheiros menos desejáveis nos trabalhos de cada dia?

Intentamos abandoná-los de vez.

Cooperadores endurecidos?

Deixá-los ao desamparo.

Manifestações apaixonadas, em desacordo com os imperativos da prudência evangélica?

Nossos ímpetos iniciais resumem-se a propósitos de sufocação violenta.

Algo que nos contrarie as ideias e os programas pessoais?

Nossa intolerância cristalizada reclama destruição.

Entretanto, qual a finalidade dos poderes que repousam em nossas mãos, em nome do Divino Doador?

Responde-nos Paulo de Tarso, com muita propriedade, esclarecendo-nos que recebeu faculdades do Senhor para edificar e não para destruir.

Não estamos na obra do mundo para aniquilar o que é imperfeito, mas para completar o que se encontra inacabado.

Renovemos para o bem, transformemos para a luz.

O Supremo Pai não nos concede poderes para disseminarmos a morte. Nossa missão é de amor infatigável para a Vida Abundante.

33
Vê, pois

Vê, pois, que a luz que há em ti não sejam trevas.
Jesus (*Lucas*, 11:35.)

Há ciência e há sabedoria, inteligência e conhecimento, intelectualidade e luz espiritual.

Geralmente, todo homem de raciocínio fácil é interpretado à conta de mais sábio, no entanto, há que distinguir.

O homem não possui ainda qualidades para registar[2] a verdadeira luz. Daí, a necessidade de prudência e vigilância.

Em todos os lugares, há industriosos e entendidos, conhecedores e psicólogos. Muitas vezes, porém, não passam de oportunistas prontos para o golpe do interesse inferior.

Quantos escrevem livros abomináveis, espalhando veneno nos corações? Quantos se aproveitam do rótulo da própria caridade visando extrair vantagens à ambição?

---
[2] N.E.: Ver nota no capítulo 8.

Não bastam o engenho e a habilidade. Não satisfaz a simples visão psicológica. É preciso luz divina.

Há homens que, num instante, apreendem toda a extensão dum campo, conhecem-lhe a terra, identificam-lhe o valor. Há, todavia, poucos homens que se apercebem de tudo isso e se disponham a suar por ele, amando-o antes de explorá-lo, dando-lhe compreensão antes da exigência.

Nem sempre a luz reside onde a opinião comum pretende observá-la.

Sagacidade não chega a ser elevação, e o poder expressivo apenas é respeitável e sagrado quando se torna ação construtiva com a luz divina.

Raciocina, pois, sobre a própria vida.

Vê, com clareza, se a pretensa claridade que há em ti não é sombra de cegueira espiritual.

34
Não basta ver

E logo viu, e o foi seguindo, glorificando a Deus. E todo o povo, vendo isto, dava louvores a Deus.
(*Lucas*, 18:43.)

A atitude do cego de Jericó representa padrão elevado a todo discípulo sincero do Evangelho.

O enfermo de boa vontade procura primeiramente o Mestre, diante da multidão. Em seguida à cura, acompanha Jesus, glorificando a Deus. E todo o povo, observando o benefício, a gratidão e a fidelidade reunidos, volta-se para a confiança no Divino Poder.

A maioria dos necessitados, porém, assume posição muito diversa. Quase todos os doentes reclamam a atuação do Cristo, exigindo que a dádiva desça aos caprichos perniciosos que lhes são peculiares, sem qualquer esforço pela elevação de si mesmos à bênção do Mestre.

Raros procuram o Cristo à luz meridiana; e, de quantos lhe recebem os dons, raríssimos são os que lhe seguem os passos no mundo.

Daí procede a ausência da legítima glorificação a Deus e a cura incompleta da cegueira que os obscurecia, antes do primeiro contato com a fé.

Em razão disso, a Terra está repleta dos que creem e descreem, estudam e não aprendem, esperam e desesperam, ensinam e não sabem, confiam e duvidam.

Aquele que recebe dádivas pode ser somente beneficiário.

O que, porém, recebe o favor e agradece-o, vendo a luz e seguindo-a, será redimido.

É óbvio que o mundo inteiro reclama visão com o Cristo, mas não basta ver simplesmente; os que se circunscrevem ao ato de enxergar podem ser bons narradores, excelentes estatísticos, entretanto, para ver e glorificar o Senhor é indispensável marchar nas pegadas do Cristo, escalando, com Ele, a montanha do trabalho e do testemunho.

35
Que pedes?

Louco, esta noite te pedirão a tua alma.
Jesus (*Lucas*, 12:20.)

Que pedes à vida, amigo?

Os ambiciosos reclamam reservas de milhões.

Os egoístas exigem todas as satisfações para si somente.

Os arbitrários solicitam atenção exclusiva aos caprichos que lhes são próprios.

Os vaidosos reclamam louvores.

Os invejosos exigem compensações que lhes não cabem.

Os despeitados solicitam considerações indébitas.

Os ociosos pedem prosperidade sem esforço.

Os tolos reclamam divertimentos sem preocupação de serviço.

Os revoltados reclamam direitos sem deveres.

Os extravagantes exigem saúde sem cuidados.

Os impacientes aguardam realizações sem bases.

Os insaciáveis pedem todos os bens, olvidando as necessidades dos outros.

Essencialmente considerando, porém, tudo isto é verdadeira loucura, tudo fantasia do coração que se atirou exclusivamente à posse efêmera das coisas mutáveis.

Vigia, assim, cautelosamente, o plano de teus desejos.

Que pedes à vida?

Não te esqueças de que, talvez nesta noite, pedirá o Senhor a tua alma.

36

Facciosismo

Mas se tendes amarga inveja e sentimento faccioso, em vosso coração, não vos glorieis nem mintais contra a verdade.
(*Tiago*, 3:14.)

Toda escola religiosa apresenta valores inconfundíveis ao homem de boa vontade.

Não obstante os abusos do sacerdócio, a exploração inferior do elemento humano e as fantasias do culto exterior, o coração sincero beneficiar-se-á amplamente, na fonte da fé, iluminando-se para encontrar a Consciência Divina em si mesmo.

Mas, em todo instituto religioso, propriamente humano, há que evitar um perigo – o sentimento faccioso, que adia, indefinidamente, as mais sublimes edificações espirituais.

Católicos, protestantes, espiritistas, todos eles se movimentam, ameaçados pelo monstro da separação, como se o pensamento religioso traduzisse fermento da discórdia.

Infelizmente, é muito grande o número de orientadores encarnados que se deixaram dominar por suas garras perturbadoras. Espessos obstáculos impedem a visão da maioria.

Querem todos que Deus lhes pertença, mas não cogitam de pertencer a Deus.

Que todo aprendiz do Cristo esteja preparado a resistir ao mal; é imprescindível, porém, que compreenda a paternidade divina por sagrada herança de todas as criaturas, reconhecendo que, na Casa do Pai, a única diferença entre os homens é a que se mede pelo esforço nobre de cada um.

37
Orientação

E procureis viver quietos e tratar dos vossos próprios negócios e trabalhar com vossas próprias mãos, como já vo-lo temos mandado.
PAULO (*I Tessalonicenses*, 4:11.)

A cada passo, encontramos irmãos ansiosos por orientação nova, nos círculos de aprendizado evangélico.

Valiosos serviços, programas excelentes de espiritualidade superior experimentam grave dilação esperando terminem as súplicas inoportunas e reiteradas daqueles que se descuidam dos compromissos assumidos. Assim nos pronunciamos, diante de quantos se propõem servir a Jesus sinceramente, porque, indiscutivelmente, as diretrizes cristãs permanecem traçadas, de há muito, esperando mãos operosas que as concretizem com firmeza.

Procure cada discípulo manter o quinhão de paz relativa que o Mestre lhe conferiu, cuide cada qual dos negócios que lhe dizem respeito e trabalhe com as mãos com que nasceu, na conquista de expressões superiores da vida, e construirá elevada residência espiritual para si mesmo.

Aquele que conserva a harmonia, ao preço do bem infatigável, atende aos desígnios do Senhor no círculo dos compromissos individuais e da família humana; o que cuida dos próprios negócios desincumbe-se retamente das obrigações sociais, sem ser pesado aos interesses alheios, e o que trabalha com as próprias mãos encontra o luminoso caminho da eternidade gloriosa.

Antes de buscares, pois, qualquer orientação, junto de amigos encarnados ou desencarnados, não te esqueças de verificar se já atendeste a isto.

38
Servicinhos

Antes sede uns para com os outros benignos.
Paulo (*Efésios*, 4:32.)

Grande massa de aprendizes queixa-se, por vezes, da ausência de grandes oportunidades nos serviços do mundo.

Aqui, é alguém desgostoso por não haver obtido um cargo de alta relevância; além, é um irmão inquieto porque ainda não conseguiu situar o nome na grande imprensa.

A maioria anda esquecida do valor dos pequenos trabalhos que se traduzem, habitualmente, num gesto de boas maneiras, num sorriso fraterno e consolador... Um copo d'água pura, o silêncio ante o mal que não comporta esclarecimentos imediatos, um livro santificante que se dá com amor, uma sentença carinhosa, o transporte de um fardo pequenino, a sugestão do bem, a tolerância em face de uma conversação fastidiosa, os favores gratuitos de alguns vinténs, a dádiva espontânea ainda que humilde, a gentileza natural, constituem serviços de grande valor que raras pessoas tomam à justa consideração.

Que importa a cegueira de quem recebe? que poderá significar a malevolência das criaturas ingratas, diante do impulso afetivo dos bons corações? Quantas vezes, em outro tempo, fomos igualmente cegos e perversos para com o Cristo, que nos tem dispensado todos os obséquios, grandes e pequenos?

Não te mortifiques pela obtenção do ensejo de aparecer nos cartazes enormes do mundo. Isso pode traduzir muita dificuldade e perturbação para teu espírito, agora ou depois.

Sê benevolente para com aqueles que te rodeiam.

Não menosprezes os servicinhos úteis.

Neles repousa o bem-estar do caminho diário para quantos se congregam na experiência humana.

39

Em que perseveras?

E perseveravam na doutrina dos apóstolos e na comunhão e no partir do pão e nas orações.
(*Atos*, 2:42.)

Observadores menos avisados pretendem encontrar inteira negação de espiritualidade nos acontecimentos atuais do planeta.

Acreditam que a época das revelações sublimes esteja morta, que as portas celestiais permaneçam cerradas para sempre.

E comentam entusiasmados, como se divisassem um paraíso perdido, os resplendores dos tempos apostólicos, quando um pugilo de cristãos renovou os princípios seculares do mais poderoso império do mundo.

Asseveram muitos que o Céu estancou a fonte das dádivas, esquecendo-se de que a generalidade dos crentes entorpeceu a capacidade de receber.

Onde a coragem que revestia corações humildes, à frente dos leões do circo? onde a fé que punha afirmações imortais na boca ferida dos mártires anônimos? onde os sinais públicos das vozes celestiais? onde os leprosos[3] limpos e os cegos curados?

As oportunidades do Senhor continuam fluindo, incessantes, sobre a Terra.

A Misericórdia do Pai não mudou.

A Providência Divina é invariável em todos os tempos.

A atitude dos cristãos, na atualidade, porém, é muito diferente. Raríssimos perseveram na doutrina dos apóstolos, na comunhão com o Evangelho, no espírito de fraternidade, nos serviços da fé viva. A maioria prefere os chamados "pontos de vista", comunga com o personalismo destruidor, fortalece a raiz do egoísmo e raciocina sem iluminação espiritual.

A Bondade do Senhor é constante e imperecível.

Reparemos, pois, em que direção somos perseverantes.

Antes de aplaudir os mais afoitos, procuremos saber se estamos com a volubilidade dos homens ou com a imutabilidade do Cristo.

---

[3] N.E.: Hanseníase, morfeia, mal de Hansen ou mal de Lázaro é uma doença infecciosa causada pelo bacilo *Mycobacterium leprae* (também conhecido como *bacilo de hansen*), que afeta os nervos e a pele, podendo provocar danos severos.

40
Fé

Mas os cuidados deste mundo, os enganos das riquezas e as ambições doutras coisas, entrando, sufocam a palavra, que fica infrutífera.
Jesus (*Marcos*, 4:19.)

A árvore da fé viva não cresce no coração, miraculosamente.

Qual acontece na vida comum, o Criador dá tudo, mas não prescinde do esforço da criatura.

Qualquer planta útil reclama especial atenção no desenvolvimento.

Indispensável cogitar-se do trabalho de proteção, auxílio e defesa. Estacadas, adubos, vigilância, todos os fatores de preservação devem ser postos em movimento, a fim de que o vegetal precioso atinja os fins a que se destina.

A conquista da crença edificante não é serviço de menor esforço.

A maioria das pessoas admite que a fé constitua milagrosa auréola doada a alguns espíritos privilegiados pelo favor divino.

Isso, contudo, é um equívoco de lamentáveis consequências.

A sublime virtude é construção do mundo interior, em cujo desdobramento cada aprendiz funciona como orientador, engenheiro e operário de si mesmo.

Não se faz possível a realização, quando excessivas ansiedades terrestres, de parceria com enganos e ambições inferiores, torturam o campo íntimo, à maneira de vermes e malfeitores, atacando a obra.

A lição do Evangelho é semente viva.

O coração humano é receptivo, tanto quanto a terra.

É imprescindível tratar a planta divina com desvelada ternura e instinto enérgico de defesa.

Há muitos perigos sutis contra ela, quais sejam os tóxicos dos maus livros, as opiniões ociosas, as discussões excitantes, o hábito de analisar os outros antes do autoexame.

Ninguém pode, pois, em sã consciência, transferir, de modo integral, a vibração da fé ao espírito alheio, porque, realmente, isso é tarefa que compete a cada um.

41
Credores diferentes

Eu, porém, vos digo: amai os vossos inimigos.
Jesus (*Mateus*, 5:44.)

O problema do inimigo sempre merece estudos mais acurados.

Certo, ninguém poderá aderir, de pronto, à completa união com o adversário do dia de hoje, como Jesus não pôde rir-se com os perseguidores, no martírio do Calvário.

Entretanto, a advertência do Senhor, conclamando-nos a amar os inimigos, reveste-se de profunda significação em todas as facetas pelas quais a examinemos, mobilizando os instrumentos da análise comum.

Geralmente, somos devedores de altos benefícios a quantos nos perseguem e caluniam; constituem os instrumentos que nos trabalham a individualidade, compelindo-nos a renovações de elevado alcance que raramente compreendemos nos instantes mais graves da experiência. São eles que nos indicam as fraquezas, as deficiências e as necessidades a serem atendidas na tarefa que estamos executando.

Os amigos, em muitas ocasiões, são imprevidentes companheiros, porquanto contemporizam com o mal; os adversários, porém, situam-no com vigor.

Pela rudeza do inimigo, o homem comumente se faz rubro e indignado uma só vez, mas, pela complacência dos afeiçoados, torna-se pálido e acabrunhado, vezes sem conta.

Não queremos dizer com isto que a criatura deva cultivar inimizades; no entanto, somos daqueles que reconhecem por beneméritos credores quantos nos proclamam as faltas.

São médicos corajosos que nos facultam corretivo.

É difícil para muita gente, na Terra, a aceitação de semelhante verdade; todavia, chega sempre um instante em que entendemos o apelo do Cristo, em sua magna extensão.

42
Afirmação e ação

Disse-lhes Jesus: A minha comida é fazer eu a vontade d'Aquele que me enviou, e cumprir a sua obra.
(João, 4:34.)

Aqui e ali, encontramos crentes do Evangelho invariavelmente prontos a alegar a boa intenção de satisfazer os ditames celestiais. Entregam-se alguns à ociosidade e ao desânimo e, com manifesto desrespeito às sagradas noções da fé, asseguram ao amigo ou ao vizinho que vivem atendendo às determinações do Todo--Poderoso.

Não são poucos os que não preveem, nem providenciam a tempo e, quando tudo desaba, quando as forças inferiores triunfam, eis que, em lágrimas, declaram que foram obedecidas as ordens do Altíssimo.

No que condiz, porém, com a atuação do Pai, urge reconhecer que, se há manifestação de sua vontade, há, simultaneamente, objetivo e finalidade que lhe são consequentes.

Programa elevado, sem concretização, é projeto morto.

Deus não expressaria propósitos a esmo.

Em razão disso, afirmou Jesus que vinha ao mundo fazer a vontade do Pai e cumprir-lhe a obra.

Segundo observamos, não se reportava somente ao desejo paternal, mas igualmente à execução que lhe dizia respeito.

Não é razoável permanecer o homem em referências infindáveis aos desígnios do Alto, quando não cogita de materializar a própria tarefa.

O Pai, naturalmente, guarda planos indevassáveis acerca de cada filho. É imprescindível, no entanto, que a criatura coopere na objetivação dos propósitos divinos em si própria, compreendendo que se trata de lamentável abuso muita alusão à vontade de Deus quando vivemos distraídos do trabalho que nos compete.

43
Vós, portanto...

Vós, portanto, amados, sabendo isto de antemão, guardai--vos de que, pelo engano dos homens abomináveis, sejais juntamente arrebatados e descaiais da vossa firmeza.
(*II Pedro*, 3:17.)

O esclarecimento íntimo é inalienável tesouro dos discípulos sinceros do Cristo.

O mundo está cheio de enganos dos homens abomináveis que invadiram os domínios da política, da ciência, da religião e ergueram criações chocantes para os espíritos menos avisados; contam-se por milhões as almas com eles arrebatadas às surpresas da morte e absolutamente desequilibradas nos círculos da vida espiritual. Do cume falso de suas noções individualistas precipitam-se em despenhadeiros apavorantes, onde perdem a firmeza e a luz.

Grande número dos imprevidentes encontram socorro justo, porquanto desconheciam a verdadeira situação. Não se achavam devidamente informados. Os homens abomináveis ocultavam-lhes o sentido real da vida.

Semelhante benemerência, contudo, não poderá atingir os aprendizes que conhecem, de antemão, a verdade.

O aluno do Evangelho somente se alimentará de equívocos deploráveis, se quiser. Rodopiará, por isso mesmo, no torvelinho das sombras se nele cair voluntariamente, no capítulo da preferência individual.

O ignorante alcançará justificativa.

A vítima será libertada.

O doente desprotegido receberá enfermagem e remédio.

Mas o discípulo de Jesus, bafejado pelos benefícios do Céu todos os dias, que se rodeia de esclarecimentos e consolações, luzes e bênçãos, esse deve saber, de antemão, quanto lhe compete realizar em serviço e vigilância e, caso aceite as ilusões dos homens abomináveis, agirá sob a responsabilidade que lhe é própria, entrando na partilha das aflitivas realidades que o aguardam nos planos inferiores.

44
Saber como convém

*E, se alguém cuida saber alguma coisa,
ainda não sabe como convém saber.*
PAULO (*I Coríntios*, 8:2.)

A civilização sempre cuida saber excessivamente, mas, em tempo algum, soube como convém saber.

É por isto que, ainda agora, o avião bombardeia, o rádio transmite a mentira e a morte, e o combustível alimenta maquinaria de agressão.

Assim também, na esfera individual, o homem apenas cogita saber, esquecendo que é indispensável saber como convém.

Em nossas atividades evangélicas, toda a atenção é necessária ao êxito na tarefa que nos foi cometida.

Aprendizes do Evangelho existem que pretendem guardar toda a revelação do Céu, para impô-la aos vizinhos; que se presumem de posse da humildade, para tiranizarem os outros; que se declaram pacientes, irritando a quem os ouve; que se afirmam crentes, confundindo a fé alheia; que exibem títulos de benemerência, olvidando comezinhas obrigações domésticas.

Esses amigos, principalmente, são daqueles que cuidam saber sem saberem de fato.

Os que conhecem espiritualmente as situações ajudam sem ofender, melhoram sem ferir, esclarecem sem perturbar. Sabem como convém saber e aprenderam a ser úteis. Usam o silêncio e a palavra, localizam o bem e o mal, identificam a sombra e a luz e distribuem com todos os dons do Cristo. Informam-se quanto à Fonte da Eterna Sabedoria e ligam-se a ela como lâmpadas perfeitas ao centro da força. Fracassos e triunfos, no plano das formas temporárias, não lhes modificam as energias. Esses sabem porque sabem e utilizam os próprios conhecimentos como convém saber.

45
Necessidade essencial

Mas eu roguei por ti, para que a tua fé não desfaleça.
Jesus (*Lucas*, 22:32.)

Justo destacar que Jesus, ciente de que Simão permanecia num mundo em que imperam as vantagens de caráter material, não intercedesse, junto ao Pai, a fim de que lhe não faltassem recursos físicos, tais como a satisfação do corpo, a remuneração substanciosa ou a consideração social.

Declara o Mestre haver pedido ao Supremo Senhor para que em Pedro não se enfraqueça o dom da fé.

Salientou, assim, o Cristo, a necessidade essencial da criatura humana, no que se refere à confiança em Deus, num círculo de lutas onde todos os benefícios visíveis estão sujeitos à transformação e à morte.

Testemunhava que, de todas as realizações sublimes do homem atual, a fé viva e ativa é das mais difíceis de serem consolidadas. Reconhecia que a segurança espiritual dos companheiros terrestres não é obra de alguns dias, porque pequeninos acontecimentos podem interrompê-la, feri-la, adiá-la. A ingratidão de um amigo, um gesto impensado, a incompreensão de alguém, uma insignificante dificuldade, podem prejudicar-lhe o desenvolvimento.

Em plena oficina humana, portanto, é imprescindível reconheças a transitoriedade de todos os bens transferíveis que te cercam. Mobiliza-os sempre, atendendo aos superiores desígnios da fraternidade que nos ensinam a amar-nos uns aos outros com fidelidade e devotamento. Convence-te, porém, de que a fé viva na vitória final do espírito eterno é o óleo divino que nos sustenta a luz interior para a divina ascensão.

46
Crescei

*Antes crescei na graça e no conhecimento de
Nosso Senhor e Salvador, Jesus Cristo.*
(II Pedro, 3:18.)

A situação de destaque preocupa constantemente a ideia do homem.

O próprio mendigo, esfarrapado e faminto, muita vez permanece, orgulhoso, na expectativa de realce no Céu.

Habitualmente, porém, toda ansiedade, nesse particular, é propósito mal dirigido objetivando crescimento ao inverso.

Não seria, propriamente, o ato de se desenvolver, mas de inchar.

Nessa mesma pauta, muitos aprendizes irrequietos pleiteiam altas remunerações financeiras, favores do dinheiro fácil, elevação aos postos de autoridade, invocando a necessidade de crescer para maior eficiência no serviço do Cristo.

Isto, contudo, quase sempre é pura ilusão.

Materializadas as exigências, transformam-se em servidores rodeados de impedimentos.

O Mestre Divino, que organizou a vida planetária ao influxo do Eterno Pai, possui suficiente poder, e, para a execução de sua obra, não se demoraria à espera de que esse ou aquele dos aprendizes se convertesse em especialista em determinados negócios do mundo.

O crescimento, a que o Evangelho se reporta, deve orientar-se na virtude cristã e no conhecimento da Vontade Divina.

Aprenda cada um a sua parte, na esfera de nossos deveres com Jesus. Atenda ao programa de edificação que lhe compete, ainda que se encontre sozinho ou perseguido pela incompreensão dos homens e, então, estará crescendo na graça e no discernimento para a vida imortal.

47
O povo e o Evangelho

E não achavam meio de lhe fazerem mal, porque todo o povo pendia para Ele, escutando-o.
(*Lucas*, 19:48.)

A perseguição aos postulados do Cristianismo é de todos os tempos.

Nos próprios dias do Mestre Divino, nos círculos carnais, já se exteriorizavam hostilidades de todos os matizes contra os movimentos da iluminação cristã.

Em todas as ocasiões, no entanto, tem sido possível observar a gravitação do povo para Jesus. Entre Ele e a multidão, nunca se extinguiu o poderoso magnetismo da virtude e do amor.

Debalde surgem medidas draconianas da ignorância e da crueldade, em vão aparecem os prejuízos eclesiásticos do sacerdócio, quando sem luz na missão sublime de orientar; cientistas presunçosos, demagogos subornados por interesses mesquinhos, clamam nas praças pela consagração de fantasias brilhantes.

O povo, porém, inclina-se para o Cristo, com a mesma fascinação do primeiro dia.

Indiscutivelmente, considerados num todo, achamo-nos ainda longe da união com Jesus, em sentido integral.

De quando em quando, a turba experimenta pavorosos desastres. Tormentas de sangue e lágrimas varrem-lhe os caminhos.

A claridade do Mestre, contudo, acena-lhe a distância. Velhos e crianças identificam-lhe o brilho santificado.

Os políticos do mundo formulam mil promessas ao espírito das massas; raras pessoas, entretanto, se interessam por semelhantes plataformas.

Os enunciados do Senhor, todavia, em cada século se renovam, sempre mais altos para a mente popular, traduzindo consolações e apelos imortais.

48
Cooperemos fielmente

Pois somos cooperadores de Deus.
Paulo (*I Coríntios*, 3:9.)

O Pai é o Supremo Criador da Vida, mas o homem pode ser fiel cooperador d'Ele.

Deus visita a criatura pela própria criatura.

Almas cerradas sobre si mesmas declarar-se-ão incapazes de serviços nobres; afirmar-se-ão empobrecidas ou incompetentes.

Há companheiros que atingem o disparate de se proclamarem tão pecadores e tão maus que se sentem inabilitados a qualquer espécie de concurso sadio na obra cristã, como se os devedores e os ignorantes não necessitassem trabalhar na própria melhoria.

As portas da colaboração com o divino amor, porém, permanecem constantemente abertas e qualquer homem de mediana razão pode identificar a chamada para o serviço divino.

Cultivemos o bem, eliminando o mal.

Façamos luz onde a treva domine.
Conduzamos harmonia às zonas em discórdia.
Ajudemos a ignorância com o esclarecimento fraterno.
Seja o amor ao próximo nossa base essencial em toda construção no caminho evolutivo.
Até agora, temos sido pesados à economia da vida.
Filhos perdulários, ante o Orçamento Divino, temos despendido preciosas energias em numerosas existências, desviando-as para o terreno escuro das retificações difíceis ou do cárcere expiatório.
Ao que nos parece, portanto, segundo os conhecimentos que possuímos, por "acréscimo de misericórdia", já é tempo de cooperarmos fielmente com Deus, no desempenho de nossa tarefa humilde.

49
Exortados a batalhar

Amados, procurando eu escrever-vos com toda a diligência acerca da salvação comum, tive por necessidade dirigir-vos esta carta, exortando-vos a batalhar pela fé que uma vez foi dada aos santos.
(Judas, 1:3.)

O Cristianismo é campo imenso de vida espiritual, a que o trabalhador é chamado para a sublime renovação.

O sedento encontra nele as fontes da "água viva", o faminto, os celeiros do "eterno pão". Os cegos de entendimento nele recebem a visão do caminho; os leprosos da alma, o alívio e a cura.

Todos os viajores da vida, porém, são felicitados pelos recursos indispensáveis à jornada terrestre, com a finalidade de se erguerem, de fato, n'Aquele que é a Luz dos Séculos. Desde então, restaurados em suas energias espirituais, são exortados a batalhar na grande causa do bem.

Ninguém se engane, pois, na oficina generosa e ativa da fé.

No serviço cristão, lembre-se cada aprendiz de que não foi chamado a repousar, mas à peleja árdua, em que a demonstração do esforço individual é imperativo divino.

Jesus iniciou, no círculo das inteligências encarnadas, o maior movimento de libertação do espírito humano, no primeiro dia da Manjedoura.

Não se equivoquem, pois, os que buscam o Mestre dos Mestres... Receberão, certamente, a esperada iluminação, o consolo edificante e o ensinamento eficaz, mas penetrarão a linha de batalha, em que lhes constitui obrigação o combate permanente pela vitória do amor e da verdade, na Terra, através de ásperos testemunhos, porque todos nós, encarnados e desencarnados, oscilantes ainda entre a animalidade e a espiritualidade, entre o vale do homem e a culminância do Cristo, estamos constrangidos a batalhar até o definitivo triunfo sobre nós mesmos pela posse da Vida Imortal.

50
Para o alvo

Prossigo para o alvo.
PAULO (*Filipenses*, 3:14.)

Quando Paulo escreveu aos filipenses, já possuía vasta experiência de apostolado.

Doutor da Lei em Jerusalém, abandonara as vaidades de raça e de família, rendendo-se ao Mestre em santificadora humildade.

Após dominar pela força física, pela cultura intelectual e pela inteligência nobre, voltou-se para o tear obscuro, conquistando o próprio sustento com o suor diário. Ingressando nos espinhosos testemunhos para servir ao próximo, por amor a Jesus, recebeu a ironia e o desamparo de familiares, a desconfiança e o insulto de velhos amigos, os açoites da maldade e as pedradas da incompreensão.

O convertido de Damasco, no entanto, jamais desanimou, prosseguindo, invariavelmente, para o alvo, que, ainda e sempre, é a união divina do discípulo com o Mestre.

Quantos aprendizes estarão, atualmente, dispostos ao grande exemplo?

Espalham-se, em vão, os convites ao sublime banquete, debalde envia Jesus mensageiros aos estudantes novos, revelando a excelência da vida superior. A maioria deles, contudo, abrange operários fugitivos, plenamente distraídos da realização... Perdem de vista a obra por fazer, desinteressam-se das lições necessárias e esquecem as finalidades da permanência na Terra. Comumente, nos primeiros obstáculos mais fortes da marcha, nas corrigendas iniciais do serviço, põem-se em lágrimas de desespero, acabrunhados e tristes. Declaram-se, incompreensivelmente, desalentados, vencidos, sem esperança...

A explicação é simples, todavia. Perderam o rumo para o Cristo, seduzidos por espetáculos fugazes, nas numerosas estações da jornada espiritual, e, por esquecerem o alvo sublime, chega de modo inevitável o instante em que, cessados os motivos da transitória fascinação, se sentem angustiados, como viajores sedentos nos áridos desertos da vida humana.

51
Não se envergonhar

Porque qualquer que de mim e das minhas palavras se envergonhar, dele se envergonhará o Filho do Homem.
Jesus (*Lucas*, 9:26.)

Muitos aprendizes existem satisfeitos consigo mesmos tão somente em razão de algumas afirmativas quixotescas. Congregam-se em grandes discussões, atrabiliários e irascíveis, tentando convencer gregos e troianos, relativamente à fé religiosa e, quando interpelados sobre a fúria em que se comprazem, na imposição dos pontos de vista que lhes são próprios, costumam redarguir que é imprescindível não nos envergonharmos do Mestre, nem de seus ensinamentos perante a multidão.

Todavia, por vezes, a preocupação de preservar o Cristianismo não passa de posição meramente verbal.

Tais defensores do Cristo andam esquecidos de que, antes de tudo, é indispensável não esquecer-lhe os princípios sublimes, diante das tarefas de cada dia.

A vida de um homem é a sua própria confissão pública.

A conduta de cada crente é a sua verdadeira profissão de fé.

Muito infantis o trovão da voz e a mímica verbalista, filhos da vaidade individual, junto de ouvintes incompreensivos e complacentes, com pleno esquecimento dos necessários testemunhos com o Mestre, na oficina de trabalho comum e no lar purificador.

Torna-se indispensável não se envergonhar o aprendiz de Jesus, não em perlengas calorosas, das quais cada contendor regressa mais exasperado, mas sim perante as situações, aparentemente insignificantes ou eminentemente expressivas, em que se pede ao crente o exemplo de amor, renúncia e sacrifício pessoal que o Senhor demonstrou em sua trajetória sublime.

52

Avareza

E disse-lhes: Acautelai-vos e guardai-vos da avareza, porque a vida de cada um não consiste na abundância das coisas que possui.
(*Lucas*, 12:15.)

Fujamos à retenção de qualquer possibilidade sem espírito de serviço.

Avareza não consiste apenas em amealhar o dinheiro nos cofres da mesquinhez.

As próprias águas benfeitoras da Natureza, quando encarceradas sem preocupação de benefício, costumam formar zonas infecciosas. Quem vive à cata de compensações, englobando-as ao redor de si, não passa igualmente de avaro infeliz.

Toda avareza é centralização doentia, preparando metas de sofrimento.

Não basta saber pedir, nem basta a habilidade e a eficiência em conquistar. É preciso adquirir no clima do Cristo, espalhando os benefícios da posse temporária, para que a própria existência não constitua obstáculo à paz e à alegria dos outros.

Inúmeros homens, atacados pelo vírus da avareza, muito ganharam em fortuna, autoridade e inteligência, mas apenas conseguiram, ao termo da experiência, a perversão dos que mais amavam e o ódio dos que lhes eram vizinhos.

Amontoaram vantagens para a própria perda. Arruinaram-se, envenenando, igualmente, os que lhes partilharam as tarefas no mundo.

Recordemos a palavra do Mestre Divino, gravando-a no espírito.

A vida do homem não consiste na abundância daquilo que possui, mas na abundância dos benefícios que esparge e semeia, atendendo aos desígnios do Supremo Senhor.

53
Sementeiras e ceifas

Porque o que semeia na sua carne, da carne ceifará a corrupção.
PAULO (*Gálatas*, 6:8.)

Plantaremos todos os dias.

É da lei.

Até os inativos e ociosos estão cultivando o joio da imprevidência.

É necessário reconhecer, porém, que diariamente colheremos.

Há vegetais que produzem no curso de breves semanas, outros, no entanto, só revelam frutos na passagem laboriosa de muito tempo.

Em todas as épocas, a turba cria complicações de natureza material, acentuando o labirinto das reencarnações dolorosas, demorando-se nas dificuldades da decadência.

Ainda hoje, surgem os que pretendem curar a honra com o sangue alheio e lavar a injustiça com as represálias do crime. Daí, o ódio de ontem gerando as guerras de hoje, a ambição pessoal formando a miséria que há de vir, os prazeres fáceis reclamando as retificações de amanhã.

Até hoje, decorridos mais de dezenove séculos sobre o Cristianismo, apenas alguns discípulos, de quando em quando, compreendem a necessidade da sementeira da luz espiritual em si mesmos, diferente de quantas se conhecem no mundo, e avançam a caminho do Mestre dos Mestres.

Se desejas, pois, meu amigo, plantar na Lavoura Divina, foge ao velho sistema de semeaduras na corrupção e ceifas na decadência.

Cultiva o bem para a vida eterna.

Repara as multidões, encarceradas no antigo processo de se levantarem para o erro e caírem para a corrigenda, e segue rumo ao Senhor, organizando as próprias aquisições de dons imortais.

54
Fariseus

Acautelai-vos, primeiramente, do fermento dos fariseus.
JESUS (*Lucas*, 12:1.)

Fariseu ainda é todo homem presunçoso, dogmático, exclusivo, pretenso privilegiado das Forças Divinas.

O orgulhoso descendente dos doutores de Jerusalém ainda vive. Atravessa todas as organizações humanas. Respira em todos os templos terrestres. Acredita-se o herdeiro único da Divina Bondade. Nada aprecia senão pelo prisma do orgulho pessoal. Traça programas caprichosos e intenta torcer as próprias leis universais, submetendo-as ao ponto de vista que esposou na sua escola ou no seu argumento sectarista.

Jamais comparece, ante a bênção do Senhor, na condição de alguém que se converteu em instrumento de seus amorosos desígnios, mas como crente orgulhoso, cheio de propósitos individualistas, declarando-se detentor de considerações especiais.

Os aprendizes fiéis necessitam acautelar-se contra o levedo de tais enfermos do espírito.

Toda ideia opera fermentações mentais.

Certamente que o Mestre não determinou a morte dos fariseus, mas recomendou cautela em se tratando da influenciação deles.

Exigências farisaicas constituem perigosas moléstias da alma. Urge auxiliar o doente e extinguir a enfermidade. Todavia, não conseguiremos a realização, provocando tumultos, e sim usando a cautela na antiga recomendação de vigilância.

55
Igreja livre

*Mas a Jerusalém que é de cima, é livre,
a qual é mãe de todos nós.*
Paulo (*Gálatas*, 4:26.)

O exame isolado deste versículo sugere um tema de infinita grandeza para os círculos religiosos do Cristianismo.

A palavra do apóstolo aos gentios recorda-nos a igreja liberta do Cristo, não na esfera estreita dos homens, mas no ilimitado pensamento divino.

O espírito orgulhoso e sectário, há tanto tempo dominante nas atividades da fé, encontra na afirmativa de Paulo de Tarso um antídoto para as suas venenosas preocupações.

Em todas as épocas, têm vivido na Terra os nobres excomungados, os incompreendidos valorosos e os caluniados sublimes.

Passaram, nos círculos das criaturas, qual acontece ainda hoje, perseguidos e desprezados, entre o sarcasmo e a indiferença.

Por vezes, sofrem o degredo social por não se aviltarem ante as explorações delituosas do fanatismo; em outras ocasiões, são categorizados à conta de ateus pelas suas ideias mal interpretadas.

É que, de quando em quando, rajadas de ódios e dúvidas sopram nas igrejas desprevenidas da Terra. Os crentes olvidam o "não julgueis" e confiam-se a lutas angustiosas.

Semelhantes atritos, contudo, não alteram a consciência tranquila dos anatematizados que se sentem sob a tutela do Divino Poder. Instintivamente, reconhecem que além da esfera obscura da ação física resplandece o templo soberano e invisível em que Jesus recolhe os servidores fiéis, sem deter-se na cor ou no feitio de suas vestimentas.

Benfeitores e servos excomungados dos caminhos humanos, se tendes uma consciência sem mácula, não vos magoe a pedrada dos homens que se distanciam uns dos outros pelo separatismo infeliz! Há uma Igreja augusta e livre, na vida espiritual, que é acolhedora mãe de todos nós!...

56
Maiorais

E Ele, assentando-se, chamou os doze e disse-lhes: Se alguém quiser ser o primeiro, será o último de todos e servo de todos.
(*Marcos, 9:35.*)

Ser dos primeiros na Terra não é problema de solução complicada.

Há maiorais no mundo em todas as situações.

A ciência, a filosofia, o sacerdócio, tanto quanto a política, o comércio e as finanças podem exibi-los, facilmente.

Os homens principais da ciência, com legítimas exceções, costumam ser grandes presunçosos; os da filosofia, argutos sofistas do pensamento; os do sacerdócio, fanáticos sem compreensão da verdadeira fé. Em política, muitos dos maiorais são tiranos; no comércio, inúmeros são exploradores e, nas finanças, muitos deles não passam de associados das sombras contra os interesses coletivos.

Ser dos primeiros, no entanto, nas esferas de Jesus sobre a Terra, não é questão de fácil acesso à criatura vulgar.

Nos departamentos do mundo materializado, os principais devem ser os primeiros a serem servidos e contam com a obediência compulsória de todos.

Em Cristianismo puro, os espíritos dominantes são os últimos na recepção dos benefícios, porquanto são servos reais de quantos lhes procuram a colaboração fraterna.

É por isto que em todas as escolas cristãs há numerosos pregadores, muitos mordomos, turbas de operários, cooperadores do culto, polemistas valiosos, doutores da letra, intérpretes competentes, reformistas apaixonados, mas raríssimos apóstolos.

De modo geral, quase todos os crentes se dispõem ao ensino e ao conselho, prontos ao combate espetaculoso e à advertência humilhante ou vaidosa, poucos surgindo com o desejo de servir, em silêncio, convencidos de que toda a glória pertence a Deus.

57
Não te afastes

Mas livra-nos do mal.
Jesus (*Mateus*, 6:13.)

A superfície do mundo é, indiscutivelmente, a grande escola dos espíritos encarnados.

Impossível recolher o ensinamento, fugindo à lição.

Ninguém sabe, sem aprender.

Grande número de discípulos do Evangelho, em descortinando alguns raios de luz espiritual, afirmam-se declarados inimigos da experiência terrestre. Furtam-se, desde então, aos mais nobres testemunhos. Defendem-se contra os homens, como se estes lhes não fossem irmãos no caminho evolutivo. Enxergam espinhos, onde a flor desabrocha, e feridas venenosas, onde há riso inocente. E, condenando a paisagem a que foram conduzidos pelo Senhor, para serviço metódico no bem, retraem-se, de olhos baixos, recuando do esforço de santificação.

Declaram-se, no entanto, desejosos de união com o Cristo, esquecendo-se de que o Mestre não desampara a Humanidade. Estimam, sobretudo, a oração, mas, repetindo as sublimes palavras da prece dominical, olvidam que Jesus rogou ao Senhor Supremo nos liberte do mal, mas não pediu o afastamento da luta.

Aliás, a sabedoria do Cristianismo não consiste em insular o aprendiz na santidade artificialista, e, sim, em fazê-lo ao mar largo do concurso ativo de transformação do mal em bem, da treva em luz e da dor em bênção.

O Mestre não fugiu aos discípulos; estes é que fugiram d'Ele no extremo testemunho. O Divino Servidor não se afastou dos homens; estes é que o expulsaram pela crucificação dolorosa.

A fidelidade até o fim não significa adoração perpétua em sentido literal; traduz, igualmente, espírito de serviço até o último dia de força utilizável no mecanismo fisiológico.

Se desejas, pois, servir com o Senhor Jesus, pede a Ele te liberte do mal, mas que não te afaste dos lugares de luta, a fim de que aprendas, em companhia d'Ele, a cooperar na execução da Vontade Celeste, quando, como e onde for necessário.

58
Crises

Pai, salva-me desta hora; mas para isto vim a esta hora.
JESUS (*João*, 12:27.)

A lição de Jesus, neste passo do Evangelho, é das mais expressivas.

Ia o Mestre provar o abandono dos entes amados, a ingratidão de beneficiários da véspera, a ironia da multidão, o apodo na via pública, o suplício e a cruz, mas sabia que ali se encontrava para isto, consoante os desígnios do Eterno.

Pede a proteção do Pai e submete-se na condição do filho fiel.

Examina a gravidade da hora em curso, todavia reconhece a necessidade do testemunho.

E todas as vidas na Terra experimentarão os mesmos trâmites na escala infinita das experiências necessárias.

Todos os seres e coisas se preparam, considerando as crises que virão. É a crise que decide o futuro.

A terra aguarda a charrua.
O minério será remetido ao cadinho.
A árvore sofrerá a poda.
O verme será submetido à luz solar.
A ave defrontará com a tormenta.
A ovelha esperará a tosquia.
O homem será conduzido à luta.
O cristão conhecerá testemunhos sucessivos.

É por isto que vemos, no serviço divino do Mestre, a crise da cruz que se fez acompanhar pela bênção eterna da Ressurreição.

Quando pois te encontrares em luta imensa, recorda que o Senhor te conduziu a semelhante posição de sacrifício, considerando a probabilidade de tua exaltação, e não te esqueças de que toda crise é fonte sublime de espírito renovador para os que sabem ter esperança.

59
Política Divina

Eu, porém, entre vós, sou como aquele que serve.
Jesus (*Lucas*, 22:27.)

    O discípulo sincero do Evangelho não necessita respirar o clima da política administrativa do mundo para cumprir o ministério que lhe é cometido.

    O Governador da Terra, entre nós, para atender aos objetivos da política do amor, representou, antes de tudo, os interesses de Deus junto do coração humano, sem necessidade de portarias e decretos, respeitáveis embora.

    Administrou servindo, elevou os demais, humilhando a si mesmo.

    Não vestiu o traje do sacerdote, nem a toga do magistrado.

    Amou profundamente os semelhantes e, nessa tarefa sublime, testemunhou a sua grandeza celestial.

    Que seria das organizações cristãs se o apostolado que lhes diz respeito estivesse subordinado a reis e ministros, câmaras e parlamentos transitórios?

Se desejas penetrar, efetivamente, o templo da verdade e da fé viva, da paz e do amor, com Jesus, não olvides as plataformas do Evangelho Redentor.

Ama a Deus sobre todas as coisas, com todo o teu coração e entendimento.

Ama o próximo como a ti mesmo.

Cessa o egoísmo da animalidade primitiva.

Faze o bem aos que te fazem mal.

Abençoa os que te perseguem e caluniam.

Ora pela paz dos que te ferem.

Bendize os que te contrariam o coração inclinado ao passado inferior.

Reparte as alegrias de teu espírito e os dons de tua vida com os menos afortunados e mais pobres do caminho.

Dissipa as trevas, fazendo brilhar a tua luz.

Revela o amor que acalma as tempestades do ódio.

Mantém viva a chama da esperança, onde sopra o frio do desalento.

Levanta os caídos.

Sê a muleta benfeitora dos que se arrastam sob aleijões morais.

Combate a ignorância, acendendo lâmpadas de auxílio fraterno, sem golpes de crítica e sem gritos de condenação.

Ama, compreende e perdoa sempre.

Dependerás, acaso, de decretos humanos para meter mãos à obra?

Lembra-te, meu amigo, de que os administradores do mundo são, na maioria das vezes, veneráveis prepostos da Sabedoria Imortal, amparando os potenciais econômicos, passageiros e perecíveis do mundo; todavia, não te esqueças das recomendações traçadas no Código da Vida Eterna, na execução das quais devemos edificar o Reino Divino, dentro de nós mesmos.

60
Que fazeis de especial?

Que fazeis de especial?
JESUS (*Mateus*, 5:47.)

    Iniciados na luz da Revelação Nova, os espiritistas cristãos possuem patrimônios de entendimento muito acima da compreensão normal dos homens encarnados.
    Em verdade, sabem que a vida prossegue vitoriosa, além da morte; que se encontram na escola temporária da Terra, em favor da iluminação espiritual que lhes é necessária; que o corpo carnal é simples vestimenta a desgastar-se cada dia; que os trabalhos e desgostos do mundo são recursos educativos; que a dor é o estímulo às mais altas realizações; que a nossa colheita futura se verificará, de acordo com a sementeira de agora; que a luz do Senhor clarear-nos-á os caminhos, sempre que estivermos a serviço do bem; que toda oportunidade de trabalho no presente é uma bênção dos Poderes Divinos; que ninguém se acha na crosta do planeta em excursão de prazeres fáceis, mas, sim, em missão de

aperfeiçoamento; que a justiça não é uma ilusão e que a verdade surpreenderá toda a gente; que a existência na esfera física é abençoada oficina de trabalho, resgate e redenção e que os atos, palavras e pensamentos da criatura produzirão sempre os frutos que lhes dizem respeito, no campo infinito da vida.

Efetivamente, sabemos tudo isto.

Em face, pois, de tantos conhecimentos e informações dos planos mais altos, a beneficiarem nossos círculos felizes de trabalho espiritual, é justo ouçamos a interrogação do Divino Mestre:

– Que fazeis mais que os outros?

61
Também tu

E os principais dos sacerdotes tomaram a deliberação de matar também a Lázaro.
(João, 12:10.)

Interessante observar as cogitações do farisaísmo, relativamente a Lázaro, nas horas supremas de Jesus.

Não bastava a crucificação do Mestre.

Intentava-se, igualmente, a morte do amigo de Betânia.

Lázaro fora cadáver e revivera, sepultara-se nas trevas do túmulo e regressara à luz da vida. Era, por isso, uma glorificação permanente do Salvador, uma cura insofismável do Médico Divino. Constituiria em Jerusalém a carta viva do poder do Cristo, destoava dos conterrâneos, tornara-se diferente.

Considerava-se, portanto, indispensável a destruição dele.

O farisaísmo dos velhos tempos ainda é o mesmo nos dias que passam, apenas com a diferença de que Jerusalém é a civilização inteira. Para ele, o Mestre deve continuar crucificado e todos os Lázaros ressurgirão sentenciados à morte.

Qualquer homem, renovado em Cristo, incomoda-o.

Há participantes do Evangelho que se sentem verdadeiramente ressuscitados, trazidos à claridade da fé, após atravessarem o sepulcro do ódio, do crime, da indiferença...

O farisaísmo, entretanto, não lhes tolera a condição de redivivos, a demonstrarem a grandeza do Mestre. Instala perseguições, desclassifica-os na convenção puramente humana, tenta anular-lhes a ação em todos os setores da experiência.

Somente os Lázaros que se unam ao amor de Jesus conseguem vencer o terrível assédio da ignorância.

Tem, pois, cuidado contigo mesmo.

Se te sentes trazido da sombra para a luz, do mal para o bem, ao sublime influxo do Senhor, recorda que o farisaísmo, visível e invisível, obedecendo a impulsos de ordem inferior, ainda está trabalhando contra o valor de tua fé e contra a força de teu ideal.

Não bastou a crucificação do Mestre.

Também tu conhecerás o testemunho.

62
Resistência ao mal

Eu, porém, vos digo que não resistais ao mal [...].
Jesus (*Mateus*, 5:39.)

Os expoentes da má-fé costumam interpretar falsamente as palavras do Mestre, com relação à resistência ao mal.

Não determinava Jesus que os aprendizes se entregassem, inermes, às correntes destruidoras.

Aconselhava a que nenhum discípulo retribuísse violência por violência.

Enfrentar a crueldade com armas semelhantes seria perpetuar o ódio e a desregrada ambição no mundo.

O bem é o único dissolvente do mal, em todos os setores, revelando forças diferentes.

Em razão disso, a atitude requisitada pelo crime jamais será a indiferença, e, sim, a do bem ativo, enérgico, renovador, vigilante e operoso.

Em todas as épocas, os homens perpetraram erros graves, tentando reprimir a maldade, filha da ignorância, com a maldade, filha do cálculo. E as medidas infelizes, grande número de vezes, foram concretizadas em nome do próprio Cristo.

Guerras, revoluções, assassínios, perseguições foram movimentados pelo homem, que assim presume cooperar com o Céu. No entanto, os empreendimentos sombrios nada mais fizeram que acentuar a catástrofe da separação e da discórdia. Semelhantes revides sempre constituem pruridos de hegemonia indébita do sectarismo pernicioso nos partidos políticos, nas escolas filosóficas e nas seitas religiosas, mas nunca determinação de Jesus.

Reconhecendo, antecipadamente, que a miopia espiritual das criaturas lhe desfiguraria as palavras, o Mestre reforçou a conceituação, asseverando: "Eu, porém, vos digo...".

O plano inferior adota padrões de resistência, reclamando "olho por olho, dente por dente"...

Jesus, todavia, nos aconselha a defesa do perdão setenta vezes sete, em cada ofensa, com a bondade diligente, transformadora e sem-fim.

63
Atritos físicos

*Mas se alguém te bater na face direita,
oferece-lhe também a outra.*
Jesus (*Mateus*, 5:39.)

Alguns humoristas pretendem descobrir na advertência do Mestre uma exortação à covardia, sem noção de respeito próprio.

O parecer de Jesus, no entanto, não obedece apenas aos ditames do amor, essência fundamental de seu Evangelho. É igualmente uma peça de bom senso e lógica rigorosa.

Quando um homem investe contra outro, utilizando a força física, os recursos espirituais de qualquer espécie já foram momentaneamente obliterados no atacante.

O murro da cólera somente surge quando a razão foi afastada. E sobrevindo semelhante problema, somente a calma do adversário consegue atenuar os desequilíbrios, procedentes da ausência de controle.

O homem do campo sabe que o animal enfurecido não regressa à naturalidade se tratado com a ira que o possui.

A abelha não ferretoa o apicultor, amigo da brandura e da serenidade.

O único recurso para conter um homem desvairado, compelindo-o a reajustar-se dignamente, é conservar-se o contendor ou os circunstantes em posição normal, sem cair no mesmo nível de inferioridade.

A recomendação de Jesus abre-nos abençoado avanço...

Oferecer a face esquerda, depois que a direita já se encontra dilacerada pelo agressor, é chamá-lo à razão enobrecida, reintegrando-o, de imediato, no reconhecimento da perversidade que lhe é própria.

Em qualquer conflito físico, a palavra reveste-se de reduzida função nos círculos do bem. O gesto é a força que se expressará convenientemente.

Segundo reconhecemos, portanto, no conselho do Cristo não há convite à fraqueza, mas apelo à superioridade que as pessoas vulgares ainda desconhecem.

64
Fermento velho

*Alimpai-vos, pois, do fermento velho,
para que sejais uma nova massa.*
Paulo (*I Coríntios*, 5:7.)

Existem velhas fermentações de natureza mental, que representam tóxicos perigosos ao equilíbrio da alma.

Muito comum observarmos companheiros ansiosos por íntima identificação com o pretérito, na teia de passadas reencarnações.

Acontece, porém, que a maioria dos encarnados na Terra não possuem uma vida pregressa respeitável e digna, em que possam recolher sementes de exemplificação cristã.

Quase todos nos embebedávamos com o licor mentiroso da vaidade, em administrando os patrimônios do mundo, quando não nos embriagávamos com o vinho destruidor do crime, se chamados a obedecer nas obras do Senhor.

Quem possua forças e luzes para conhecer experiências fracassadas, compreendendo a própria inferioridade, talvez aproveite algo de útil, relendo páginas vivas que se foram. Os aprendizes desse jaez, contudo, são ainda raros, nos trabalhos de recapitulação na carne, junto da qual a Compaixão Divina concede ao servo falido a bênção do esquecimento para a valorização das novas iniciativas.

Não guardes, portanto, o fermento velho no coração.

Cada dia nos conclama à vida mais nobre e mais alta.

Reformemo-nos, à claridade do Infinito Bem, a fim de que sejamos nova massa espiritual nas mãos de Nosso Senhor Jesus.

65
Cultiva a paz

E, se ali houver algum filho da paz, repousará sobre ele a vossa paz; e, se não, ela voltará para vós.
Jesus (*Lucas*, 10:6.)

Em verdade, há muitos desesperados na vida humana. Mas quantos se apegam, voluptuosamente, à própria desesperação? quantos revoltados fogem à luz da paciência? quantos criminosos choram de dor por lhes ser impossível a consumação de novos delitos? quantos tristes escapam, voluntariamente, às bênçãos da esperança?

Para que um homem seja filho da paz, é imprescindível trabalhe intensamente no mundo íntimo, cessando as vozes da inadaptação à Vontade Divina e evitando as manifestações de desarmonia, perante as leis eternas.

Todos rogam a paz no planeta atormentado de horríveis discórdias, mas raros se fazem dignos dela.

Exigem que a tranquilidade resida no mesmo apartamento onde mora o ódio gratuito aos vizinhos, reclamam que a esperança tome assento com a inconformação e rogam à fé lhes aprove a ociosidade, no campo da necessária preparação espiritual.

Para esmagadora maioria dessas criaturas comodistas a paz legítima é realização muito distante.

Em todos os setores da vida, a preparação e o mérito devem anteceder o benefício.

Ninguém atinge o bem-estar em Cristo, sem esforço no bem, sem disciplina elevada de sentimentos, sem iluminação do raciocínio. Antes da sublime edificação, poderão registar[4] os mais belos discursos, vislumbrar as mais altas perspectivas do Plano Superior, conviver com os grandes apóstolos da Causa da Redenção, mas poderão igualmente viver longe da harmonia interior, que constitui a fonte divina e inesgotável da verdadeira felicidade, porque se o homem ouve a lição da paz cristã, sem o propósito firme de se lhe afeiçoar, é da própria recomendação do Senhor que esse bem celestial volte ao núcleo de origem, como intransferível conquista de cada um.

---

[4] N.E.: Ver nota no capítulo 8.

66
Inverno

Procura vir antes do inverno.
PAULO (*II Timóteo*, 4:21.)

Claro que a análise comum deste versículo revelará a prudente recomendação de Paulo de Tarso para que Timóteo não se arriscasse a viajar na estação do frio forte.

Na época recuada da epístola, o inverno não oferecia facilidades à navegação.

É possível, porém, avançar mais longe, além da letra e acima do problema circunstancial de lugar e tempo.

Mobilizemos nossa interpretação espiritual.

Quantas almas apenas se recordam da necessidade do encontro com os emissários do Divino Mestre por ocasião do inverno rigoroso do sofrimento? quantas se lembram do Salvador somente em hora de neblina espessa, de tempestade ameaçadora, de gelo pesado e compacto sobre o coração?

Em momentos assim, o barco da esperança costuma navegar sem rumo, ao sabor das ondas revoltas.

Os nevoeiros ocultam a meta, e tudo, em torno do viajante da vida, tende à desordem ou à desorientação.

É indispensável procurar o Amigo Celeste ou aqueles que já se ligaram, definitivamente, ao seu amor, antes dos períodos angustiosos, para que nos instalemos em refúgios de paz e segurança.

A disciplina, em tempo de fartura e liberdade, é distinção nas criaturas que a seguem; mas a contenção que nos é imposta, na escassez ou na dificuldade, converte-se em martírio.

O aprendiz leal do Cristo não deve marchar no mundo ao sabor de caprichos satisfeitos e, sim, na pauta da temperança e da compreensão.

O inverno é imprescindível e útil, como período de prova benéfica e renovação necessária. Procura, todavia, o encontro de tua experiência com Jesus, antes dele.

67
Adiante de vós

Mas ide dizer a seus discípulos, e a Pedro, que ele vai adiante de vós para a Galileia.
(*Marcos*, 16:7.)

É raro encontrarmos discípulos decididos à fidelidade sem mescla, nos momentos que a luta supera o âmbito normal.

Comumente, em se elevando a experiência para maiores demonstrações de coragem, valor e fé, modifica-se-lhes o ânimo, de imediato. Converte-se a segurança em indecisão, a alegria em desalento.

Multipliquem-se os obstáculos e surgirá dolorosa incerteza.

Os aprendizes, no entanto, não devem olvidar a sublime promessa do princípio, quando o pastor recompunha o rebanho disperso.

Quando os companheiros, depois da Ressurreição, refletiam no futuro, oscilando entre a dúvida e a perplexidade, eis que o Mensageiro do Mestre lhes endereça aviso salutar, assegurando que o Senhor marcharia adiante dos amigos, para a Galileia, onde aguardaria os amados colaboradores, a fim de assentarem as bases profundas do trabalho evangélico no porvir.

Não nos cabe esquecer que, nas primeiras providências do apostolado divino, Jesus sempre se adiantou aos companheiros nos testemunhos santificantes.

E assim acontece, invariavelmente, no transcurso dos séculos.

O Mestre está sempre fazendo o máximo na obra redentora, contando com o esforço dos cooperadores apenas nas particularidades minúsculas do celeste serviço...

Não vos entregueis às sombras da indecisão quando permanecerdes sozinhos ou quando o trabalho se agrave na estrada comum. Ide, confiantes e otimistas, às provações salutares ou às tarefas dilacerantes que esperam por nosso concurso e ação. Decerto, não seremos quinhoados por facilidades deliciosas, num mundo onde a ignorância ainda estabelece lamentáveis prisões, mas sigamos felizes no encalço das obrigações que nos competem, conscientes de que Jesus, amoroso e previdente, já seguiu adiante de nós...

68
No campo

O campo é o mundo.
Jesus (*Mateus*, 13:38.)

Jesus tem o seu campo de serviço no mundo inteiro.

Nele, naturalmente, como em todo campo de lavoura, há infinito potencial de realizações, com faixas de terra excelente e zonas necessitadas de arrimo, corretivo e proteção.

Por vezes, após florestas dadivosas, surgem charcos gigantescos, requisitando drenagem e socorro imediato.

Ao lado de montanhas aureoladas de luz, aparecem vales envolvidos em sombra indefinível.

Troncos retos alteiam-se, junto de árvores retorcidas; galhos mortos entram em contraste com frondes verdes, repletas de ninhos.

A gleba imensa do Cristo reclama trabalhadores devotados, que não demonstrem predileções pessoais por zonas de serviço ou gênero de tarefa.

Apresentam-se muitos operários ao Senhor do Trabalho, diariamente, mas os verdadeiros servidores são raros.

A maioria dos tarefeiros que se candidatam à obra do Mestre não seguem além do cultivo de certas flores, recuam à frente dos pântanos desprezados, temem os sítios desertos ou se espantam diante da magnitude do serviço, recolhendo-se a longas e ruinosas vacilações ou fugindo das regiões infecciosas.

Em algumas ocasiões costumam ser hábeis horticultores ou jardineiros, no entanto, quase sempre repousam nesses títulos e amedrontam-se perante os terrenos agressivos e multiformes.

Jesus, todavia, não descansa e prossegue aguardando companheiros para as realizações infinitas, em favor do Reino Celeste na Terra.

Reflete nesta verdade e enriquece as tuas qualidades de colaboração, aperfeiçoando-as e intensificando-as nas obras do bem indiscriminado e ininterrupto...

É certo que não se improvisa um cooperador para Jesus, entretanto, não te esqueças de trabalhar, dia a dia, na direção do glorioso fim...

69
No serviço cristão

Nem como tendo domínio sobre a herança de Deus, mas servindo de exemplo ao rebanho.
(*I Pedro*, 5:3.)

Aos companheiros de Espiritismo cristão cabem tarefas de enormes proporções, junto das almas.

Preocupam-nos profundos problemas da fé, transcendentes questões da dor.

Porque dão de graça o que por graça recebem, contam com a animosidade dos que vendem os dons divinos; porque procuram a sabedoria espiritual, recebem a gratuita aversão dos que se cristalizam na pequena ciência; porque se preparam em face da vida eterna, desligando-se do egoísmo destruidor, são categorizados como loucos, pelos que se satisfazem na fantasia transitória.

Quanto maior, porém, a incompreensão do mundo, mais se deverá intensificar naqueles as noções da responsabilidade.

Não falamos aqui dos estudiosos, dos investigadores ou dos observadores simplesmente. Referimo-nos aos que já entenderam a grandeza do auxílio fraternal e a ele se entregaram, de coração voltado para o Cristo. Encontram-se nos círculos de uma experiência nobre demais para ser comentada, mas a responsabilidade que lhes compete é igualmente muito grande para ser definida.

A ti, pois, meu irmão, que guardas contigo os interesses de muitas almas, repito as palavras do grande apóstolo, para que jamais te envaideças, nem procedas "como tendo domínio sobre a herança de Deus, mas servindo de exemplo ao rebanho".

70
Guardemos o ensino

Ponde vós estas palavras em vossos ouvidos.
Jesus (*Lucas*, 9:44.)

Muitos escutam a palavra do Cristo, entretanto, muito poucos são os que colocam a lição nos ouvidos.

Não se trata de registar[5] meros vocábulos e sim de fixar apontamentos que devem palpitar no livro do coração.

Não se reportava Jesus à letra morta, mas ao verbo criador.

Os círculos doutrinários do Cristianismo estão repletos de aprendizes que não sabem atender a esse apelo. Compareçam às atividades espirituais, sintonizando a mente com todas as inquietações inferiores, menos com o Espírito do Cristo. Dobram joelhos, repetem fórmulas verbalistas, concentram-se em si mesmos, todavia, no fundo, atuam em esfera distante do serviço justo.

---
[5] N.E.: Ver nota no capítulo 8.

A maioria não pretende ouvir o Senhor e, sim, falar ao Senhor, qual se Jesus desempenhasse simples função de pajem subordinado aos caprichos de cada um.

São alunos que procuram subverter a ordem escolar.

Pronunciam longas orações, gritam protestos, alinhavam promessas que não podem cumprir.

Não estimam ensinamentos. Formulam imposições.

E, à maneira de loucos, buscam agir em nome do Cristo.

Os resultados não se fazem esperar. O fracasso e a desilusão, a esterilidade e a dor vão chegando devagarinho, acordando a alma dormente para as realidades eternas.

Não poucos se revoltam, desencantados...

Não se queixem, contudo, senão de si mesmos.

"Ponde minhas palavras em vossos ouvidos", disse Jesus.

O próprio vento possui uma direção. Teria, pois, o Divino Mestre transmitido alguma lição, ao acaso?

71
Em nosso trabalho

*Porque toda casa é edificada por alguém, mas
o que edificou todas as coisas é Deus.*
Paulo (*Hebreus*, 3:4.)

O Supremo Senhor criou o Universo, entretanto, cada criatura organiza o seu mundo particular.

O Arquiteto Divino é o possuidor de todas as edificações, todavia, cada Espírito constrói a habitação que lhe é própria.

O Doador dos Infinitos Bens espalha valores ilimitados na Criação, contudo, cada um de nós outros deverá criar valores que nos sejam inerentes à personalidade.

A natureza maternal, rica de bênçãos, em toda parte constitui a representação do patrimônio imensurável do Poder Divino e, em todo lugar, onde exista alguém, aí palpita a vontade igualmente criadora do homem, que é o herdeiro de Deus.

O Pai levanta fundamentos e estabelece leis.

Os filhos contribuem na construção das obras e operam interferências.

É compreensível, portanto, que empenhemos todo o cuidado em nosso esforço individualista, nas edificações do mundo, convictos de que responderemos pela nossa atuação pessoal, em todos os quadros da vida.

Colaboremos no bem com o entusiasmo de quem reconhece a utilidade da própria ação, nos círculos do serviço, mas sem paixões destruidoras que nos amarrem às ilhas do isolacionismo.

Apresentemos nosso trabalho ao Senhor, diariamente, e peçamos a Ele destrua as particularidades em desacordo com os seus propósitos soberanos e justos, rogando-lhe visão e entendimento.

Seremos compelidos a formar o campo mental de nós mesmos, a erguer a casa de nossa elevação e a construir o santuário que nos seja próprio.

No desdobramento desse serviço, porém, jamais nos esqueçamos de que todos os patrimônios da vida pertencem a Deus.

72
Não as palavras

Mas em breve irei ter convosco, se o Senhor quiser, e então conhecerei, não as palavras dos que andam inchados, mas a virtude.
PAULO (*I Coríntios*, 4:19.)

Cristo e os seus cooperadores não virão ao encontro dos aprendizes para conhecerem as palavras dos que vivem na falsa concepção do destino, mas sim dos que se identificaram com o espírito imperecível da construção evangélica.

É indubitável que o Senhor se interessará pelas obras; contudo, toda vez que nos reportamos a obras, geralmente os ouvintes somente se lembram das instituições materiais, visíveis no mundo, ricas ou singelas, simples ou suntuosas.

Muita vez, as criaturas menos favorecidas de faculdades orgânicas, qual o cego ou o aleijado, acreditam-se aniquiladas ou inúteis, ante conceituação dessa natureza.

É que, comumente, se esquece o homem das obras de santificação que lhe compete efetuar no próprio espírito.

Raros entendem que é necessário manobrar pesados instrumentos da vontade a fim de conquistar terreno ao egoísmo; usar enxadas de esforço pessoal para o estabelecimento definitivo da harmonia no coração. Poucos se recordam de que possuem ideias frágeis e pequeninas acerca do bem e que é imprescindível manter recursos íntimos de proteção a esses germens para que frutifiquem mais tarde.

É lógico que as palavras dos que não vivem inchados de personalismo serão objeto das atenções do Mestre, em todos os tempos, mesmo porque o verbo é também força sagrada que esclarece e edifica. Urge, todavia, fugir aos abusos do palavrório improdutivo que menospreza o tempo nas "vaidades da vaidade".

Não olvides, pois, que, antes das obras externas de qualquer natureza, sempre fáceis e transitórias, tens por fazer a construção íntima da sabedoria e do amor, muito difícil de ser realizada, na verdade, mas, por isto mesmo, sublimada e eterna.

73
Falatórios

Mas evita os falatórios profanos, porque produzirão maior impiedade.
Paulo (*II Timóteo*, 2:16.)

Poucas expressões da vida social ou doméstica são tão perigosas quanto o falatório desvairado, que oferece vasto lugar aos monstros do crime.

A atividade religiosa e científica há descoberto numerosos fatores de desequilíbrio no mundo, colaborando eficazmente por extinguir-lhes os focos essenciais.

Quanto se há trabalhado, louvavelmente, no combate ao álcool e à sífilis?

Ninguém lhes contesta a influência destruidora.

Arruínam coletividades, estragam a saúde, deprimem o caráter.

Não nos esqueçamos, porém, do falatório maligno que sempre forma, em derredor, imensa família de elementos enfermiços ou aviltantes, à feição de vermes letais que proliferam no silêncio e operam nas sombras.

Raros meditam nisto.

Não será, porventura, o verbo desregrado o pai da calúnia, da maledicência, do mexerico, da leviandade, da perturbação?

Deus criou a palavra, o homem engendrou o falatório.

A palavra digna infunde consolação e vida. A murmuração perniciosa propicia a morte.

Quantos inimigos da paz do homem se aproveitam do vozerio insensato, para cumprirem criminosos desejos?

Se o álcool embriaga os viciosos, aniquilando-lhes as energias, que dizer da língua transviada do bem que destrói vigorosas sementeiras de felicidade e sabedoria, amor e paz? Se há educadores preocupados com a intromissão da sífilis, por que a indiferença alusiva aos desvarios da conversação?

Em toda parte, a palavra é índice de nossa posição evolutiva. Indispensável aprimorá-la, iluminá-la e enobrecê-la.

Desprezar as sagradas possibilidades do verbo, quando a mensagem de Jesus já esteja brilhando em torno de nós, constitui ruinoso relaxamento de nossa vida, diante de Deus e da própria consciência.

Cada frase do discípulo do Evangelho deve ter lugar digno e adequado.

Falatório é desperdício. E quando assim não seja não passa de escura corrente de venenos psíquicos, ameaçando espíritos valorosos e comunidades inteiras.

74
Maus obreiros

Guardai-vos dos maus obreiros.
Paulo (*Filipenses*, 3:2.)

Paulo de Tarso não recomenda sem razão o cuidado a observar-se, ante o assédio dos maus obreiros.

Em todas as atividades do bem, o trabalhador sincero necessita preservar-se contra o veneno que procede do servidor infiel.

Enquanto os servos leais se desvelam, dedicados, nas obrigações que lhes são deferidas, os maus obreiros procuram o repouso indébito, conclamando companheiros à deserção e à revolta. Ao invés de cooperarem, atendendo aos compromissos assumidos, entregam-se à crítica jocosa ou áspera, menosprezando os colegas de luta.

Estimam as apreciações desencorajadoras.

Fixam-se nos ângulos ainda inseguros da obra em execução, despreocupados das realizações já feitas.

Manuseiam textos legais a fim de observarem como farão valer direitos com esquecimento de deveres.

Ouvem as palavras alheias com religiosa atenção para extraírem os conceitos verbais menos felizes, de modo a estabelecerem perturbações.

Chamam covardes aos cooperadores humildes, e bajuladores aos eficientes ou compreensivos.

Destacam os defeitos de todas as pessoas, exceto os que lhes são peculiares.

Alinham frases brilhantes e complacentes, ensopando-as em óleo de perversidades ocultas.

Semeiam a dúvida, a desconfiança e o dissídio, quando percebem que o êxito vem próximo.

Espalham suspeitas e calúnias, entre os que organizam e os que executam.

Fazem-se advogados para serem acusadores.

Vestem-se à maneira de ovelhas, dissimulando as feições de lobos.

Costumam lamentar-se por vítimas para serem verdugos mais completos.

"Guardai-vos dos maus obreiros."

O conselho do apóstolo aos gentios permanece cheio de oportunidade e significação.

75
Esperança

Porque tudo que dantes foi escrito, para nosso ensino foi escrito, para que pela paciência e consolação das Escrituras tenhamos esperança.
Paulo (*Romanos*, 15:4.)

A esperança é a luz do cristão.

Nem todos conseguem, por enquanto, o voo sublime da fé, mas a força da esperança é tesouro comum.

Nem todos podem oferecer, quando querem, o pão do corpo e a lição espiritual, mas ninguém na Terra está impedido de espalhar os benefícios da esperança.

A dor costuma agitar os que se encontram no "vale da sombra e da morte", onde o medo estabelece atritos e onde a aflição percebe o "ranger de dentes", nas "trevas exteriores", mas existe a luz interior que é a esperança.

A negação humana declara falências, lavra atestados de impossibilidade, traça inextricáveis labirintos, no entanto, a esperança vem de cima, à maneira do

Sol que ilumina do alto e alimenta as sementeiras novas, desperta propósitos diferentes, cria modificações redentoras e descerra visões mais altas.

A noite espera o dia; a flor, o fruto; o verme, o porvir... O homem, ainda mesmo que se mergulhe na descrença ou na dúvida, na lágrima ou na dilaceração, será socorrido por Deus com a indicação do futuro.

Jesus, na condição de Mestre Divino, sabe que os aprendizes nem sempre poderão acertar inteiramente, que os erros são próprios da escola evolutiva e, por isto mesmo, a esperança é um dos cânticos sublimes do seu Evangelho de Amor.

Imensas têm sido, até hoje, as nossas quedas, mas a confiança do Cristo é sempre maior. Não nos percamos em lamentações. Todo momento é instante de ouvir Aquele que pronunciou o "Vinde a mim...".

Levantemo-nos e prossigamos, convictos de que o Senhor nos ofereceu a luz da esperança, a fim de acendermos em nós mesmos a luz da santificação espiritual.

76
Na propaganda eficaz

É necessário que Ele cresça e que eu diminua.
João Batista (*João*, 3:30.)

Há sempre um desejo forte de propaganda construtiva no coração dos crentes sinceros.

Confortados pelo pão espiritual de Jesus, esforçam-se os discípulos novos por estendê-lo aos outros. Mas, nem sempre acertam na tarefa. Muitas vezes, movidos de impulsos fortes, tornam-se exigentes ou precipitados, reclamando colheitas prematuras.

O Evangelho, porém, está repleto de ensinamentos nesse sentido.

A assertiva de João Batista, nesta passagem, é significativa. Traça um programa a todos os que pretendam funcionar em serviço de precursores do Mestre, nos corações humanos.

Não vale impor os princípios da fé.

A exigência, ainda que indireta, apenas revela seus autores. As polêmicas destacam os polemistas... As discussões intempestivas acentuam a colaboração pessoal dos discutidores. Puras pregações de palavras fazem belos oradores, com fraseologia preciosa e deslumbrantes ornatos da forma.

Claro que a orientação, o esclarecimento e o ensino são tarefas indispensáveis na extensão do Cristianismo, entretanto, é de importância fundamental para os discípulos que o Espírito de Jesus cresça em suas vidas. Revelar o Senhor na própria experiência diária é a propaganda mais elevada e eficiente dos aprendizes fiéis.

Se realmente desejas estender as claridades de tua fé, lembra-te de que o Mestre precisa crescer em teus atos, palavras e pensamentos, no convívio com todos os que te cercam o coração. Somente nessa diretriz é possível atender ao Divino Administrador e servir aos semelhantes, curando-se a hipertrofia congenial do "eu".

77

Sofrerá perseguições

E também todos os que piamente querem viver em Cristo Jesus padecerão perseguições.
Paulo (*II Timóteo*, 3:12.)

Incontestavelmente, os códigos de boas maneiras do mundo são sempre respeitáveis, mas é preciso convir que, acima deles, prevaleçam os códigos de Jesus, cujos princípios foram por Ele gravados com a própria exemplificação.

O mundo, porém, raramente tolera o código de boas maneiras do Mestre Divino.

Se te sentes ferido e procuras a justiça terrestre, considerar-te-ão homem sensato; contudo, se preferes o silêncio do Grande Injustiçado da Cruz, ser-te-ão lançadas ironias à face.

Se reclamas a remuneração de teus serviços, há leis humanas que te amparam, considerando-te prudente; mas se algo de útil produzes sem exigir recompensa, recordando o Divino Benfeitor, interpretar-te-ão por louco.

Se te defendes contra os maus, fazendo valer as tuas razões, serás categorizado por homem digno; entretanto, se aplicares a humildade e o perdão do Senhor, serás francamente acusado de covarde e desprezível.

Se praticares a exploração individual, disfarçadamente, mobilizando o próximo a serviço de teus interesses passageiros, ser-te-ão atribuídos admiráveis dotes de inteligência e habilidade; todavia, se te dispões ao serviço geral para benefício de todos, por amor a Jesus, considerar-te-ão idiota e servil.

Enquanto ouvires os ditames das leis sociais, dando para receber, fazendo algo por buscar alheia admiração, elogiando para ser elogiado, receberás infinito louvor das criaturas, mas, no momento em que, por fidelidade ao Evangelho, fores compelido a tomar atitudes com o Mestre, muita vez com pesados sofrimentos para o teu coração, serás classificado à conta de insensato.

Atende, pois, ao teu ministério onde estiveres, sem qualquer dúvida nesse particular, certo de que, por muito tempo ainda, o discípulo fiel de Jesus, na Terra, sofrerá perseguições.

78
Purifiquemo-nos

*De sorte que, se alguém se purificar destas coisas,
será vaso para honra, santificado e idôneo para uso
do Senhor, e preparado para toda a boa obra.*
Paulo (*II Timóteo*, 2:21.)

Em cada dia de luta, é indispensável atentar para a utilização do vaso de nossas possibilidades individuais.

Na Terra, onde a maioria das almas encarnadas dorme ainda o sono da indiferença, é mais que necessária a vigilância do trabalhador de Jesus, nesse particular.

Quem não guarde os ouvidos pode ser utilizado pela injustiça. Quem não vigie sobre a língua pode facilmente converter-se em vaso da calúnia, pela leviandade ou pela preocupação de sensacionalismo. Quem não ilumine os olhos pode tornar-se vaso de falsos julgamentos. Quem não se orientar pelo espírito cristão, será naturalmente conduzido a muitos disparates e perturbações, ainda mesmo quando a boa-fé lhe incuta propósitos louváveis.

Os homens e mulheres, de todas as condições, estão sendo usados pelas forças da vida, diariamente. Por enquanto, a maioria constitui material utilizado pela malícia e pela viciação. Vasos frágeis e imperfeitos, fundem-se e refundem-se todos os dias, em meio de experiências inquietantes e rudes.

Raríssimos são aqueles que, de interior purificado, podem servir ao Senhor, habilitados para as boas obras. Muitos ambicionam essa posição elevada, mas não cuidam de si mesmos. Reclamam a situação dos grandes missionários, exigem a luz divina, clamam por revelações avançadas, contudo, em coisa alguma se esforçam por se libertarem das paixões baixas.

Observa, pois, amigo, a que princípios serves na lida diária. Lembra-te de que o vaso de tuas possibilidades é sagrado. Que forças da vida se utilizam dele? Não olvides, acima de tudo, que precisamos da legítima purificação, a fim de que sejamos vasos para honra e idôneos para uso do Senhor.

79
Em combate

*Ainda não resististes até ao sangue,
combatendo contra o pecado.*
PAULO (*Hebreus*, 12:4.)

O discípulo sincero do Evangelho vive em silenciosa batalha no campo do coração.

A princípio, desenrola-se o combate em clima sereno, ao doce calor do lar tranquilo. As árvores das afeições domésticas amenizam as experiências mais fortes. Esperanças de todos os matizes povoam a alma, nem sempre atenta à realidade.

Falam os ideais em voz alta, relativamente às vitórias porvindouras.

O lutador domina os elementos materiais e, não poucas vezes, supõe consumado o triunfo verdadeiro.

O trabalho, entretanto, continua.

A vitória do espírito exige esforço integral do combatente. E, mais tarde, o lidador cristão é convidado a testemunhos mais ásperos, compelido à batalha solitária, sem o recurso de outros tempos. A lei de renovação modifica-lhe os roteiros, subtrai-lhe as ilusões, seleciona-lhe os ideais. A morte devasta-lhe o círculo íntimo, submete-o ao insulamento, impele-o à meditação. O tempo impõe retiradas, mudanças e retificações...

Muitos se desanimam na grande empreitada e voltam, medrosos, às sombras inferiores.

Os que perseverarem, todavia, experimentarão a resistência até ao sangue. Não se trata aqui, porém, do sangue das carnificinas e sim dos laços consanguíneos que não somente unem o espírito ao vaso corpóreo, como também o enlaçam aos companheiros de séquito familiar. Quando o aprendiz receber a dor em si próprio, compreendendo-lhe a santificante finalidade, e exercer a justiça ou aceitá-la, acima de toda a preocupação dos elos consanguíneos, estará atingindo a sublime posição de triunfo no combate contra o mal.

80
Como sofres?

*Mas, se padece como cristão, não se envergonhe,
antes glorifique a Deus nesta parte.*
(I Pedro, 4:16.)

Não basta sofrer simplesmente para ascender à glória espiritual. Indispensável é saber sofrer, extraindo as bênçãos de luz que a dor oferece ao coração sequioso de paz.

Muita gente padece, mas quantas criaturas se complicam, angustiadamente, por não saberem aproveitar as provas retificadoras e santificantes?

Vemos os que recebem a calúnia, transmitindo-a aos vizinhos; os que são atormentados por acusações, arrastando companheiros às perturbações que os assaltam; e os que pretendem eliminar enfermidades reparadoras, com a desesperação.

Quantos corações se transformam em poços envenenados de ódio e amargura, porque pequenos sofrimentos lhes invadiram o círculo pessoal? Não são poucos os que batem à porta da desilusão, da descrença, da desconfiança ou da revolta injustificáveis, em razão de alguns caprichos desatendidos.

Seria útil sofrer com a volúpia de estender o sofrimento aos outros? não será agravar a dívida o ato de agressão ao credor, somente porque resolveu ele chamar-nos a contas?

Raros homens aprendem a encontrar o proveito das tribulações. A maioria menospreza a oportunidade de edificação e, sobretudo, agrava os próprios débitos, confundindo o próximo e precipitando companheiros em zonas perturbadas do caminho evolutivo.

Todas as criaturas sofrem no cadinho das experiências necessárias, mas bem poucos espíritos sabem padecer como cristãos, glorificando a Deus.

81
Estejamos certos

*Porei minhas leis em seus corações e as
escreverei em seus entendimentos.*
PAULO (*Hebreus*, 10:16.)

As instituições humanas vivem cheias de códigos e escrituras.

Os templos permanecem repletos de pregações.

Os núcleos de natureza religiosa alinham inúmeros compêndios doutrinários.

O Evangelho, entretanto, não oculta os propósitos do Senhor.

Toda a movimentação de páginas rasgáveis, portadoras de vocabulário restrito, representa fase de preparo espiritual, porque o objetivo de Jesus é inscrever os seus ensinamentos em nossos corações e inteligências.

Poderemos aderir de modo intelectual aos mais variados programas religiosos, navegarmos a pleno mar da filosofia e da cultura meramente verbalistas, com certo proveito à nossa posição individual, diante do próximo; mas, diante do Senhor, o problema fundamental de nosso espírito é a transformação para o bem, com a elevação de todos os nossos sentimentos e pensamentos.

O Mestre escreverá nas páginas vivas de nossa alma os seus estatutos divinos.

Tenhamos disso a certeza. E não estejamos menos convencidos de que, às vezes, por acréscimo de misericórdia, nos conferirá os precisos recursos para que lavemos nosso livro íntimo com a água das lágrimas, eliminando os resíduos desse trabalho com o fogo purificador do sofrimento.

82
Sem desfalecimentos

E não nos cansemos de fazer bem, porque a seu tempo ceifaremos, se não houvermos desfalecido.
Paulo (*Gálatas*, 6:9.)

Há pessoas de singulares disposições em matéria de serviço espiritual.

Hoje creem, amanhã descreem.

Entregaram-se, ontem, às manifestações da fé; entretanto, porque alguém não se curou de uma enxaqueca, perdem hoje a confiança, penetrando o caminho largo da negação.

Iniciam a prática do bem, mas, se aparece um espinho de ingratidão dos semelhantes, proclamam a falência dos propósitos de bem-fazer.

São crianças que ensaiam aprendizado na escola da vida, distantes ainda da posição de discípulos do Mestre.

O exercício do amor verdadeiro não pode cansar o coração.

Quem ama em Cristo Jesus, guarda confiança em Deus, é feliz na renúncia e sabe alimentar-se de esperança.

O mal extenua o espírito, mas o bem revigora sempre.

O aprendiz sincero do Evangelho, portanto, não se irrita nem conhece a derrota nas lutas edificantes, porque compreende o desânimo por perda de oportunidade.

Problemas da alma não se circunscrevem a questões de dias e semanas terrestres, nem podem viver condicionados a deficiências físicas. São problemas de vida, renovação e eternidade.

Não te canses, pois, de fazer o bem, convencido, todavia, de que a colheita, por tuas próprias mãos, depende de prosseguires no sacerdócio do amor, sem desfalecimentos.

83
Examinai

*Se alguém vem ter convosco e não traz esta
doutrina, não o recebais em casa.*
(*II João*, 1:10.)

É razoável que ninguém impeça o próximo de falar o que melhor lhe pareça; é justo, porém, que o ouvinte apenas retenha o que reconheça útil e melhor. Em todos os setores da atividade terrestre e no curso de todas as tarefas diárias, aproximam-se irmãos que vêm ter convosco, trazendo as suas mensagens pessoais.

Esse é portador de convite à insubmissão, aquele outro é um vaso de queixas enfermiças.

Indispensável é que a casa terrestre não se abra aos fantasmas.

Batem à porta?

A prudência aconselha vigilância.

O coração é um recinto sagrado, onde não se deve amontoar resíduos inúteis.

É imprescindível examinar as solicitações que avançam.

Se o mensageiro não traz as características de Jesus, convém negar-lhe guarida, de caráter absoluto, na casa íntima, proporcionando-lhe, porém, algo das preciosas bênçãos que conseguimos recolher, em nosso benefício, no setor das utilidades essenciais.

Inúmeros curiosos que se aproximam dos discípulos sinceros nada possuem, além da presunção de bons faladores. São, quase sempre, grandes necessitados sob a veste falaciosa da teoria. Sem feri-los, nem escandalizá-los, é justo que o devotado aprendiz de Jesus lhes prodigalize algum motivo de reflexão séria. Desse modo, os que julgam conduzir um estandarte de suposta redenção passam a conduzir consigo a mensagem do bem, verdadeiramente salvadora.

O problema não é o de nos informarmos se alguém está falando em nome do Senhor; antes de tudo, importa saber se o portador possui algo do Cristo para dar.

84
Somos de Deus

Nós somos de Deus.
(I João, 4:6.)

Não nos é fácil desvencilharmos dos laços que nos imantam aos círculos menos elevados da vida, aos quais ainda pertencemos.

Apesar de nossa origem divina, mil obstáculos nos prendem à ideia de separação da Paternidade Celeste.

Cega-nos o orgulho para a universalidade da vida.

O egoísmo encarcera-nos o coração.

A vaidade ergue-nos falso trono de favoritismo indébito, buscando afastar-nos da realidade.

A ambição inferior precipita-nos em abismos de fantasia destruidora.

A revolta forma tempestades de ódio sobre as nossas cabeças.

A ansiedade fere-nos o ser.

E julgamos, nesses velhos conflitos do sentimento, que pertencemos ao corpo físico, ao preconceito multissecular e à convenção humana, quando todo o patrimônio material que nos circunda representa empréstimo de forças e possibilidades para descobrirmos nós mesmos, enriquecendo o próprio valor.

Na maioria das vezes, demoramo-nos no sombrio cárcere da separação, distraídos, enganados, cegos...

Contudo, a vida continua, segura e forte, semeando luz e oportunidade para que não nos faltem os frutos da experiência.

Pouco a pouco, o trabalho e a dor, a enfermidade e a morte, compelem-nos a reconsiderar os caminhos percorridos, impelindo-nos a mente para zonas mais altas. Não desprezes, pois, esses admiráveis companheiros da jornada humana, porquanto, quase sempre, em companhia deles, é que chegamos a compreender que somos de Deus.

85
Substitutos

Para alumiar os que estão assentados em trevas e sombra de morte, a fim de dirigir os nossos pés pelo caminho da paz.
(*Lucas*, 1:79.)

É razoável que o administrador distribua serviço e responda pela mordomia que lhe foi confiada.

Detendo encargos da direção, o homem é obrigado a movimentar grande número de pessoas.

Orientará os seus dirigidos, educará os subalternos, dar-lhes-á incumbências que lhes apurem as qualidades no serviço.

Ainda assim, o dirigente não se exime das obrigações fundamentais que lhe competem.

Se houve alguém que poderia mobilizar milhões de substitutos para o testemunho na Crosta da Terra, esse alguém foi Jesus.

Dispunha o Senhor de legiões de emissários esclarecidos, mantinha incalculáveis reservas ao seu dispor. Poderia enviar ao mundo iluminados filósofos para renovarem o entendimento das criaturas, médicos sábios que curassem os cegos e os loucos, condutores fiéis, dedicados a ensinar o caminho do bem.

Em verdade, desde os primórdios da organização humana mobiliza o Senhor a multidão de seus cooperadores diretos, a nosso favor, mesmo porque suas mãos divinas enfeixam o poder administrativo da Terra, mas urge reconhecer que, no momento julgado essencial para o lançamento do Reino de Deus entre os homens, veio, Ele mesmo, à nossa esfera de sombras e conflitos.

Não enviou substitutos ou representantes. Assumiu a responsabilidade de seus ensinamentos e, sozinho, suportou a incompreensão e a cruz.

Inspiremo-nos no Cristo e atendamos pessoalmente ao dever que a vida nos confere.

Perante o Supremo Senhor, todos temos serviço intransferível.

86
Saibamos confiar

Não andeis, pois, inquietos.
Jesus (*Mateus*, 6:31.)

Jesus não recomenda a indiferença ou a irresponsabilidade.

O Mestre, que preconizou a oração e a vigilância, não aconselharia a despreocupação do discípulo ante o acervo do serviço a fazer.

Pede apenas combate ao pessimismo crônico.

Claro que nos achamos a pleno trabalho, na lavoura do Senhor, dentro da ordem natural que nos rege a própria ascensão.

Ainda nos defrontaremos, inúmeras vezes, com pântanos e desertos, espinheiros e animais daninhos.

Urge, porém, renovar atitudes mentais na obra a que fomos chamados, aprendendo a confiar no Divino Poder que nos dirige.

Em todos os lugares, há derrotistas intransigentes.

Sentem-se nas trevas, ainda mesmo quando o Sol fulgura no zênite.

Enxergam baixeza nas criaturas mais dignas.

Marcham atormentados por desconfianças atrozes. E, por suspeitarem de todos, acabam inabilitados para a colaboração produtiva em qualquer serviço nobre.

Aflitos e angustiados, desorientam-se a propósito de mínimos obstáculos, inquietam-se, com respeito a frivolidades de toda sorte e, se pudessem, pintariam o firmamento à cor negra para que a mente do próximo lhes partilhe a sombra interior.

Na Terra, Jesus é o Senhor que se fez servo de todos, por amor, e tem esperado nossa contribuição na oficina dos séculos. A confiança d'Ele abrange as eras, sua experiência abarca as civilizações, seu devotamento nos envolve há milênios...

Em razão disso, como adotar a aflição e o desespero, se estamos apenas começando a ser úteis?

87
Olhai

*Olhai, vigiai e orai, porque não sabeis
quando chegará o tempo.*
Jesus (*Marcos*, 13:33.)

Marcos regista[6] determinada fórmula de vigilância que revela a nossa necessidade de mobilizar todos os recursos de reflexão e análise.

Muitas vezes, referimo-nos ao "orai e vigiai", sem meditar-lhe a complexidade e a extensão.

É indispensável guardar os caminhos, imprescindível se torna movimentar possibilidades na esfera do bem, entretanto, essa atitude não dispensa a visão com entendimento.

O imperativo colocado por Marcos, ao princípio da recomendação de Jesus, é de valor inestimável à perfeita interpretação do texto.

É preciso olhar, isto é, examinar, ponderar, refletir, para que a vigilância não seja incompleta.

---
[6] N.E.: Ver nota no capítulo 8.

Discernir é a primeira preocupação da sentinela.

O discípulo não pode guardar-se, defendendo simultaneamente o patrimônio que lhe foi confiado, sem estender a visão psicológica, buscando penetrar a intimidade essencial das situações e dos acontecimentos.

Olhai o trabalho de cada dia.

O serviço comum permanece repleto de mensagens proveitosas.

Fixai as relações afetivas. São portadoras de alvitres necessários ao vosso equilíbrio.

Fiscalizai as circunstâncias observando as sugestões que vos lançam ao centro d'alma.

Na casa sentimental, reúnem-se as inteligências invisíveis que permutam impressões convosco, em silêncio.

Detende-vos na apreciação do dia; seus campos constituídos de horas e minutos são repositórios de profundos ensinamentos e valiosas oportunidades.

Olhai, refleti, ponderai!... Depois disso, naturalmente, estareis prontos a vigiar e orar com proveito.

88
Tu e tua casa

*E eles disseram: Crê no Senhor Jesus Cristo,
e serás salvo, tu e a tua casa.*
(*Atos*, 16:31.)

    Geralmente, encontramos discípulos novos do Evangelho que se sentem profundamente isolados no centro doméstico, no capítulo da crença religiosa.

    Afirmam-se absolutamente sós, sob o ponto de vista da fé. E alguns, despercebidos de exame sério, tocam a salientar o endurecimento ou a indiferença dos corações que os cercam. Esse reporta-se à zombaria de que é vítima, aquele outro acusa familiares ausentes.

    Tal incompreensão, todavia, demonstra que os princípios evangélicos lhes enfeitam a zona intelectual, sem lhes penetrarem o âmago do coração.

    Por que salientar os defeitos alheios, olvidando, por nossa vez, o bom trabalho de retificação que nos cabe, no plano da bondade oculta?

    O conselho apostólico é profundamente expressivo.

No lar onde exista uma só pessoa que creia sinceramente em Jesus e se lhe adapte aos ensinamentos redentores, pavimentando o caminho pelos padrões do Mestre, aí permanecerá a suprema claridade para a elevação.

Não importa que os progenitores sejam descrentes, que os irmãos se demorem endurecidos, nem interessam a ironia, a discussão áspera ou a observação ingrata.

O cristão, onde estiver, encontra-se no domicílio de suas convicções regenerativas, para servir a Jesus, aperfeiçoando e iluminando a si mesmo.

Basta uma estaca para sustentar muitos ramos.

Uma pedra angular equilibra um edifício inteiro.

Não te esqueças, pois, de que, se verdadeiramente aceitas o Cristo e a Ele te afeiçoas, serás conduzido para Deus, tu e tua casa.

89
Na intimidade do ser

Vós, pois, como eleitos de Deus, santos e amados, revesti-
-vos de entranhas de misericórdia, de benignidade,
humildade, mansidão, longanimidade.
PAULO (*Colossenses*, 3:12.)

    Indubitavelmente, não basta apreciar os sentimentos sublimes que o Cristianismo inspira.
    É indispensável revestirmo-nos deles.
    O apóstolo não se refere a raciocínios.
    Fala de profundidades.
    O problema não é de pura cerebração.
    É de intimidade do ser.
    Alguém que possua roteiro certo do caminho a seguir, entre multidões que o desconhecem, é naturalmente eleito para administrar a orientação.
    Detendo tão copiosa bagagem de conhecimentos, acerca da eternidade, o cristão legítimo é pessoa indicada a proteger os interesses espirituais de seus irmãos na jornada evolutiva; no entanto, é preciso encarecer o testemunho, que não se limita à fraseologia brilhante.

Imprescindível é que estejamos revestidos de "entranhas de misericórdia" para enfrentarmos, com êxito, os perigos crescentes do caminho.

O mal, para ceder terreno, compreende apenas a linguagem do verdadeiro bem; o orgulho, a fim de renunciar aos seus propósitos infelizes, não entende senão a humildade. Sem espírito fraternal, é impossível quebrar o escuro estilete do egoísmo. É necessário dilatar sempre as reservas de sentimento superior, de modo a avançarmos, vitoriosamente, na senda da ascensão.

Os espiritistas sinceros encontrarão luminoso estímulo nas palavras de Paulo. Alguns companheiros por certo observarão em nossa lembrança mero problema de fé religiosa, segundo o seu modo de entender; todavia, entre fazer psiquismo por alguns dias e solucionar questões para a vida eterna, há sempre considerável diferença.

90
De coração puro

Amai-vos ardentemente uns aos outros com um coração puro.
(I Pedro, 1:22.)

Espíritos levianos, em todas as ocasiões, deram preferência às interpretações maliciosas dos textos sagrados.

O "amai-vos uns aos outros" não escapou ao sistema depreciativo. A esfera superior, entretanto, sempre observa a ironia à conta de ignorância ou infantilidade espiritual das criaturas humanas.

A sublime exortação constitui poderosa síntese das teorias de fraternidade.

O entendimento e a aplicação do "amai-vos" é a meta luminosa das lutas na Terra. E a quantos experimentam dificuldade para interpretar a recomendação divina temos o providencial apontamento de Pedro, quando se reporta ao coração puro.

Conhecem os homens alguns raios do amor que não passam de réstias fugidias, a luzirem através das muralhas dos interesses egoísticos, porque a maioria das aproximações de criaturas, na Crosta da Terra, inspiram-se em móveis obscuros e mesquinhos, no terreno dos prazeres fáceis ou das associações que se dirigem para o lucro imediatista.

O amor a que se refere o Evangelho é antes a divina disposição de servir com alegria, na execução da Vontade do Pai, em qualquer região onde permaneçamos.

Muita gente afirma que ama, contudo, logo que surjam circunstâncias contra os seus caprichos, passa a detestar.

Gestos que aparentavam dedicação convertem-se em atitudes do interesse inferior.

Relativamente ao assunto, porém, o apóstolo fornece a nota dominante da lição. Amemo-nos uns aos outros, ardentemente, mas guardemos o coração elevado e puro.

91
Migalha e multidão

E, tendo mandado que a multidão se assentasse sobre a relva, tomou os cinco pães e os dois peixes e, erguendo os olhos ao céu, os abençoou, e, partindo os pães, deu--os aos discípulos, e os discípulos à multidão.
(*Mateus*, 14:19.)

Ante o quadro da legião de famintos, qualquer homem experimentaria invencível desânimo, considerando a migalha de cinco pães e dois peixes.

Mas Jesus emprega o imenso poder da bondade e consegue alimentar a todos, sobejamente.

Observemos, contudo, que para isso toma os discípulos por intermediários.

O ensinamento do Mestre, nesse passo do Evangelho, é altamente simbólico.

Quem identifica a aluvião de males criados por nós mesmos, pelos desvios da vontade, na sucessão de nossas existências sobre a Terra, custa a crer na migalha de bem que possuímos em nós próprios.

Aqui, corrói a enfermidade, além, surge o fracasso, acolá, manifestam-se expressões múltiplas do crime.

Como atender às necessidades complexas?

Muitos aprendizes recuam ante a extensão da tarefa.

Entretanto, se o servidor fiel caminha para o Senhor, a migalha de suas luzes é imediatamente suprida pelo milagre da multiplicação, de vez que Jesus, considerando a oferta espontânea, abençoar-lhe-á o patrimônio pequenino, permitindo-lhe nutrir verdadeiras multidões de necessitados.

A massa de nossas imperfeições ainda é inaquilatável.

Em toda parte, há moléstias, deficiências, ruínas...

É imprescindível, no entanto, não duvidar de nossas possibilidades mínimas no bem.

Nossas migalhas de boa vontade na disposição de servir santamente, quando conduzidas ao Cristo, valem mais que toda a multidão de males do mundo.

92
Objetivo da fé

*Alcançando o fim da vossa fé, que é
a salvação das vossas almas.*
(I Pedro, 1:9.)

"Qual a finalidade do esforço religioso em minha vida?" Esta é a interrogação que todos os crentes deveriam formular a si mesmos, frequentemente.

O trabalho de autoesclarecimento abriria novos caminhos à visão espiritual.

Raramente se entrega o homem aos exercícios da fé, sem espírito de comercialismo inferior. Comumente, busca-se o templo religioso com a preocupação de ganhar alguma coisa para o dia que passa.

Raciocínios elementares, contudo, conduziriam o pensamento a mais vastas ilações.

Seria a crença tão somente recurso para facilitar certas operações mecânicas ou rudimentares da vida humana? Os irracionais, porventura, não as realizam sem maior esforço? Nutrir-se, repousar, dilatar a espécie, são característicos dos próprios seres embrionários.

O objetivo da fé constitui realização mais profunda. É a "salvação" a que se reporta a Boa-Nova, por excelência. E como Deus não nos criou para a perdição, salvar, segundo o Evangelho, significa elevar, purificar e sublimar, intensificando-se a iluminação do espírito para a Vida Eterna.

Não há vitória da claridade sem expulsão das sombras, nem elevação sem suor da subida.

A fé representa a bússola, a lâmpada acesa a orientar-nos os passos através dos obstáculos; localizá-la em ângulos inferiores do caminho é um engano de consequências desastrosas, porque, muito longe de ser uma alavanca de impulsão para baixo, é asa libertadora a conduzir para cima.

93
Cães e coisas santas

Não deis aos cães as coisas santas.
JESUS (*Mateus*, 7:6.)

Certo, o cristão sincero nunca se lembrará de transformar um cão em partícipe do serviço evangélico, mas, de nenhum modo, se reportava Jesus à feição literal da sentença.

O Mestre, em lançando o apelo, buscava preservar amigos e companheiros do futuro contra os perigos da imprevidência.

O Evangelho não é somente um escrínio celestial de sublimes palavras. É também o tesouro de dádivas da Vida Eterna.

Se é reprovável o desperdício de recursos materiais, que não dizer da irresponsabilidade na aplicação das riquezas sagradas?

O aprendiz inquieto na comunicação de dons da fé às criaturas de projeção social pode ser generoso, mas não deixa de ser imprudente. Porque um homem esteja bem trajado ou possua larga expressão de dinheiro, porque se mostre revestido de autoridade temporária ou se destaque nas posições representativas da luta terrestre, isto não demonstra a habilitação dele para o banquete do Cristo.

Recomendou o Senhor seja o Evangelho pregado a todas as criaturas; entretanto, com semelhante advertência não espera que os seguidores se convertam em demagogos contumazes, e, sim, em mananciais ativos do bem a todos os seres, através de ações e ensinamentos, cada qual na posição que lhe é devida.

Ninguém se confie à aflição para impor os princípios evangélicos, nesse ou naquele setor da experiência que lhe diga respeito. Muitas vezes, o que parece amor não passa de simples capricho, e, em consequência dessa leviandade, é que encontramos verdadeiras maltas de cães avançando em coisas santas.

94
Escritura individual

Mas tudo isto aconteceu para que se cumpram as escrituras dos profetas. Então, todos os discípulos, deixando-o, fugiram. (Mateus, 26:56.)

O desígnio a cumprir-se não constituiu característica exclusiva para a missão de Jesus.

Cada homem tem o mapa da ordem divina em sua existência, a ser executado com a colaboração do livre-arbítrio, no grande plano da Vida Eterna.

Acima de tudo, nesse sentido, toda criatura pensante não ignora que será compelida a restituir o corpo de carne à terra.

Os companheiros menos educados sabem, intuitivamente, que comparecerão a exame de contas, que se lhes defrontarão paisagens novas, além do sepulcro, e que colherão, sem mais nem menos, o fruto das ações que houverem semeado no seio da coletividade terrestre.

Em geral, porém, ao homem comum esse contrato, entre o servo encarnado e o Senhor Supremo, parece extremamente impreciso, e prossegue, experiência afora, de rebeldia em rebeldia.

Nem por isso, todavia, a escritura, principalmente nos parágrafos da morte, deixará de cumprir-se. O momento, nesse particular, surge sempre, com múltiplos pretextos, para que as determinações divinas se realizem. No minuto exato, familiares e amigos excursionam em diferentes mundos de ideias, através das esferas da perplexidade, do temor, da tristeza, da dúvida, da interrogação dolorosa e, apesar da presença tangível dos afeiçoados, no quadro de testemunhos que lhe dizem respeito, o homem atende, sozinho, no capítulo da morte, aos itens da escritura grafada por ele próprio, diante das Leis do Eterno Pai, com seus atos, palavras e pensamentos de cada dia.

95

Procuremos

*Antes, vindo ele a Roma, com muito
cuidado me procurou e me achou.*
Paulo (*II Timóteo*, 1:17.)

Todas as sentenças evangélicas permanecem assinaladas de beleza e sabedoria ocultas. Indispensável meditar, estabelecer comparações no silêncio e examinar experiências diárias para descobri-las.

Aquele gesto de Onesíforo, buscando o Apóstolo dos Gentios, com muito cuidado, na vida cosmopolita de Roma, representa ensinamento sobremaneira expressivo.

A anotação de Paulo designa ocorrência comum, entretanto, o aprendiz aplicado ultrapassa a letra para recolher a lição.

Quantos amigos de Jesus e de seus seguidores diretos lhes aguardam a visita, ansiosos e impacientes? quantos se fixam, imóveis, nas atitudes inferiores, reclamando providências que não fizeram por merecer?

Há crentes presunçosos que procuram impor-se aos Desígnios Divinos, formulando exigências ao Céu, em espinhosas bases de ingratidão e atrevimento. Outros se lamentam, amargurados, quais voluntariosas criancinhas, porque o Mestre não lhes satisfez os desejos absurdos e inconvenientes.

Raros os aprendizes que refletem nos serviços imensos do Cristo.

Estaria Jesus, vagueante e desocupado, na Vida Superior? Respirariam seus colaboradores diretos, cristalizados na ociosidade beatífica?

Imprescindível é meditar na magnitude do trabalho e da responsabilidade dos obreiros divinos.

Lembremo-nos de que, se Paulo era um prisioneiro aos olhos do mundo, era já, em si mesmo, uma luz viva e brilhante, na condição de apóstolo que o próprio Jesus glorificara. Não era, ante a visão do espírito, um encarcerado e sim um triunfador. Apesar disso, Onesíforo, a fim de vê-lo, foi constrangido a procurá-lo com muito cuidado.

Semelhante impositivo ainda é o mesmo nos dias que passam. Para encontrarmos Jesus e aqueles que o servem, faz-se mister buscá-los zelosamente.

96
Diversidade

E há diversidade de operações, mas é o mesmo Deus que opera tudo em todos.
Paulo (*I Coríntios*, 12:6.)

Sem luz espiritual no caminho, reduz-se a experiência humana a complicado acervo de acontecimentos sem sentido.

Distantes da compreensão legítima, os corações fracos interpretam a vida por mera penitência expiatória, enquanto os cérebros fortes observam na luta planetária desordenada aventura.

A peregrinação terrena, todavia, é curso preparatório para a vida mais completa. Cada espírito exercita-se no campo que lhe é próprio, dilatando a celeste herança de que é portador.

A Força Divina está operando em todas as inteligências e superintendendo todos os trabalhos.

É indispensável, portanto, guardarmos muito senso da obra evolutiva que preside aos fenômenos do Universo.

Não existem milagres de construção repentina no plano do espírito, como é impossível improvisar, de momento para outro, qualquer edificação de valor na zona da matéria.

O serviço de iluminação da mente, com a elevação dos sentimentos e raciocínios, demanda tempo, esforço, paciência e perseverança. Daí, a multiplicidade de caracteres a se aprimorarem na oficina da vida humana, e, por isso mesmo, a organização de classes, padrões e esferas em número infinito, obedecendo aos superiores desígnios do Pai.

É necessário, pois, que os discípulos da Revelação Nova, com o Cristianismo Redivivo, aprendam a valorizar a oportunidade do serviço de cada dia, sem inquietudes, sem aflições. Todas as atividades terrestres, enquadradas no bem, procedem da orientação divina que aproveita cada um de nós outros, segundo a posição em que nos colocamos na ascensão espiritual.

Toda tarefa respeitável e edificante é de origem celeste. Cada homem e cada mulher podem funcionar em campos diferentes, no entanto, em circunstância alguma deveremos esquecer a indiscutível afirmação de Paulo, quando assevera que "há diversidade de operações, mas é o mesmo Deus que opera tudo em todos".

97
O verbo é criador

*Mas o que sai da boca procede do coração,
e isso contamina o homem.*
Jesus (*Mateus*, 15:18.)

O ensinamento do Mestre, sob o véu da letra, consubstancia profunda advertência.

Indispensável cuidar do coração, como fonte emissora do verbo, para que não percamos a harmonia necessária à própria felicidade.

O que sai do coração e da mente, pela boca, é força viva e palpitante, envolvendo a criatura para o bem ou para o mal, conforme a natureza da emissão.

Do íntimo dos tiranos, por esse processo, origina-se o movimento inicial da guerra, movimento destruidor que torna à fonte em que nasceu, lançando ruína e aniquilamento.

Da alma dos caluniadores, partem os venenos que atormentam espíritos generosos, mas que voltam a eles mesmos, escurecendo-lhes os horizontes mentais.

Do coração dos maus, dos perversos e dos inconscientes, surgem, através do poder verbalista, os primórdios das quedas, dos crimes e das injustiças; todavia, tais elementos perturbadores não se articulam debalde para os próprios autores, porque dia chegará em que colherão os frutos amargos da atividade infeliz a que deram impulso.

Assim também, a alegria semeada, por intermédio das palavras salutares e construtivas, cresce e dá os seus resultados.

O auxílio fraterno espalha benefícios infinitos, e o perfume do bem, ainda quando derramado sobre os ingratos, volta em ondas invisíveis a reconfortar a fronte que o emite.

O ato de bondade é invariável força benéfica, em derredor de quem o mobiliza. Há imponderáveis energias edificantes em torno daqueles que mantêm viva a chama dos bons pensamentos a iluminar o caminho alheio, por intermédio da conversação estimulante e sadia.

Os elementos psíquicos que exteriorizamos pela boca são potências atuantes em nosso nome, fatores ativos que agem sob nossa responsabilidade, em plano próximo ou remoto, de acordo com as nossas intenções mais secretas.

É imprescindível vigiar a boca, porque o verbo cria, insinua, inclina, modifica, renova ou destrói, por dilatação viva de nossa personalidade.

Em todos os dias e acontecimentos da vida, recordemos com o Divino Mestre de que a palavra procede do coração e, por isso mesmo, contamina o homem.

98

A prece recompõe

E, tendo orado, moveu-se o lugar em que estavam reunidos.
(*Atos*, 4:31.)

Na construção de simples casa de pedra, há que despender longo esforço para ajustar ambiente próprio, removendo óbices, eliminando asperezas e melhorando a paisagem.

Quando não é necessário acertar o solo rugoso, é preciso, muitas vezes, aterrar o chão, formando leito seguro, à base forte.

Instrumentos variados movimentam-se, metódicos, no trabalho renovador.

Assim também na esfera de cogitações de ordem espiritual.

Na edificação da paz doméstica, na realização dos ideais generosos, no desdobramento de serviços edificantes, urge providenciar recursos ao entendimento geral, com vistas à cooperação, à responsabilidade, ao processo de ação imprescindível. E, sem dúvida, a prece representa a indispensável alavanca renovadora, demovendo obstáculos no terreno duro da incompreensão.

A oração é divina voz do espírito no grande silêncio.

Nem sempre se caracteriza por sons articulados na conceituação verbal, mas, invariavelmente, é prodigioso poder espiritual comunicando emoções e pensamentos, imagens e ideias, desfazendo empecilhos, limpando estradas, reformando concepções e melhorando o quadro mental em que nos cabe cumprir a tarefa a que o Pai nos convoca.

Muitas vezes, nas lutas do discípulo sincero do Evangelho, a maioria dos afeiçoados não lhe entende os propósitos, os amigos desertam, os familiares cedem à sombra e à ignorância; entretanto, basta que ele se refugie no santuário da própria vida, emitindo as energias benéficas do amor e da compreensão, para que se mova, na direção de mais alto, o lugar em que se demora com os seus.

A prece tecida de inquietação e angústia não pode distanciar-se dos gritos desordenados de quem prefere a aflição e se entrega à imprudência, mas a oração tecida de harmonia e confiança é força imprimindo direção à bússola da fé viva, recompondo a paisagem em que vivemos e traçando rumos novos para a vida superior.

99
Nos diversos caminhos

*Examinai-vos a vós mesmos, se permaneceis
na fé; provai-vos a vós mesmos.*
Paulo (*II Coríntios*, 13:5.)

Diversas atitudes caracterizam os estudantes da Revelação Nova.

Os que permanecem na periferia dos ensinamentos exigem novas demonstrações fenomenológicas, sem qualquer propósito de renovação interior.

Aqueles que se demoram na região da letra estimam as longas discussões sem proveito real.

Quantos preferem a zona do sectarismo, lançam-se às lutas de separatividade, lamentáveis e cruéis.

Todos os que se cristalizam no "eu" dormitam nos petitórios infindáveis, a reclamarem proteção indébita, adiando a solução dos seus problemas espirituais.

Os que se retardam nos desvarios passionais rogam alimento para as emoções, mantendo-se distantes do legítimo entendimento.

Os que se atiram às correntes da tristeza negativa gastam o tempo em lamentações estéreis.

Aqueles que se consagram ao culto da dúvida perdem a oportunidade da edificação divina em si mesmos, convertendo-se em críticos gratuitos, ferindo companheiros e estraçalhando reputações.

Quantos se prendem à curiosidade crônica, borboleteiam aqui e ali, longe do trabalho sério e necessário.

Aqueles que se regozijam na presunção, passam o dia zurzindo o próximo, quais se fossem inquisidores permanentes do mundo.

Os que vivem na fé, contudo, acompanham o Cristo, examinam a si próprios e experimentam a si mesmos, convertendo-se em refletores da Vontade Divina, cumprindo-a, fielmente, no caminho da redenção.

100
Que fazemos do Mestre?

Que farei então de Jesus, chamado o Cristo?
PILATOS (*Mateus*, 27:22.)

Nos círculos do Cristianismo, a pergunta de Pilatos reveste-se de singular importância.

Que fazem os homens do Mestre Divino, no campo das lições diárias?

Os ociosos tentam convertê-lo em oráculo que lhes satisfaça as aspirações de menor esforço.

Os vaidosos procuram transformá-lo em galeria de exibição, através da qual façam mostruário permanente de personalismo inferior.

Os insensatos chamam-no indebitamente à aprovação dos desvarios a que se entregam, à distância do trabalho digno.

Grandes fileiras seguem-lhe os passos, qual a multidão que o acompanhava, no monte, apenas interessada na multiplicação de pães para o estômago.

Outros se acercam d'Ele, buscando atormentá-lo, à maneira dos fariseus arguciosos, rogando "sinais do céu".

Numerosas pessoas visitam-no, imitando o gesto de Jairo, suplicando bênçãos, crendo e descrendo ao mesmo tempo.

Diversos aprendizes ouvem-lhe os ensinamentos, ao modo de Judas, examinando o melhor caminho de estabelecerem a própria dominação.

Vários corações observam-no, com simpatia, mas, na primeira oportunidade, indagam, como a esposa de Zebedeu, sobre a distribuição dos lugares celestes.

Outros muitos o acompanham, estrada afora, iguais a inúmeros admiradores da Galileia, que lhe estimavam os benefícios e as consolações, detestando-lhe as verdades cristalinas.

Alguns imitam os beneficiários da Judeia, a levantarem mãos-postas no instante das vantagens, e a fugirem, espavoridos, do sacrifício e do testemunho.

Grande maioria procede à moda de Pilatos que pergunta solenemente quanto ao que fará de Jesus e acaba crucificando-o, com despreocupação do dever e da responsabilidade.

Poucos imitam Simão Pedro que, após a iluminação no Pentecostes, segue-o sem condições até à morte.

Raros copiam Paulo de Tarso que se ergue, na estrada do erro, colocando-se a caminho da redenção, através de impedimentos e pedradas, até ao fim da luta.

Não basta fazer do Cristo Jesus o benfeitor que cura e protege. É indispensável transformá-lo em padrão permanente da vida, por exemplo e modelo de cada dia.

101

Ouvistes?

Tenho-vos dito estas coisas, para que vos não escandalizeis.
Jesus (*João*, 16:1.)

Antes de retornar às Esferas Resplandecentes, o Mestre Divino não nos deixou ao desamparo, quanto às advertências no trabalho a fazer.

Quando o espírito amadurecido na compreensão da obra redentora se entrega ao campo de serviço evangélico, não prescinde das informações prévias do Senhor.

É indispensável ouvi-las para que se não escandalize no quadro das obrigações comuns.

Esclareceu-nos a palavra do Mestre que, enquanto perdurasse a dominação da ignorância no mundo, os legítimos cultivadores dos princípios da renovação espiritual, por Ele trazidos, não seriam observados com simpatia. Seriam perseguidos sem tréguas pelas forças da sombra. Compareceriam a tribunais condenatórios para se inteirarem das falsas acusações dos que se encontram ainda incapacitados de maior entendimento. Suportariam remoques de familiares, estranhos à iluminação interior. Sofreriam a expulsão dos templos organizados pela pragmática das seitas literalistas. Escutariam libelos gratuitos das inteligências votadas ao escárnio das verdades divinas. Viveriam ao modo de ovelhas pacíficas entre lobos famulentos. Sustentariam guerra incessante contra o mal. Cairiam em ciladas torpes. Contemplariam o crescimento do joio ao lado do trigo. Identificariam o progresso efêmero dos ímpios. Carregariam consigo as marcas da cruz. Experimentariam a incompreensão de muitos. Sentiriam solidão nas horas graves. Veriam, de perto, a calúnia, a pedrada, a ingratidão...

O Mestre Divino, pois, não deixou os companheiros e continuadores desavisados.

Não oferecia a nenhum aprendiz, na Terra, a coroa de rosas sem espinhos. Prometeu-lhes luta edificante, trabalho educativo, situações retificadoras, ensejos de iluminação, através da grandeza do sacrifício que produz elevação e do espírito de serviço que estabelece luz e paz.

É importante, desse modo, para quantos amadureceram os raciocínios na luta terrestre, a viva recordação das advertências do Cristo, no setor da edificação evangélica, para que se não escandalizem nos testemunhos difíceis do plano individual.

102
Atribulados e perplexos

Em tudo somos atribulados, mas não angustiados; perplexos, mas não desanimados.
Paulo (*II Coríntios*, 4:8.)

Desde os primeiros tempos do Evangelho, os leais seguidores de Jesus conhecem tribulações e perplexidades, por permanecerem na fé.

Quando se reuniam em Jerusalém, recordando o Mestre nos serviços do Reino Divino, conheceram a lapidação, a tortura, o exílio e o confisco dos bens; quando instituíram os trabalhos apostólicos de Roma, ensinando a verdade e o amor fraterno, foram confiados aos leões do circo, aos espetáculos sangrentos e aos postes de martírio.

Desde então, experimentam dolorosas surpresas em todas as partes do mundo.

A idade medieval, envolvida em sombras, tentou desconhecer a missão do Cristo e acendeu-lhes fogueiras, conduzindo-os, além disso, a tormentos inesperados e desconhecidos, através dos tribunais políticos e religiosos da Inquisição.

E, ainda hoje, enquanto oram confiantes, exemplificando o amor evangélico, reparam o progresso dos ímpios e sofrem a dominação dos vaidosos de todos os matizes. Enquanto triunfam os maus e os indiferentes, nas facilidades terrestres, são eles relegados a dificuldades e tropeços, à frente das situações mais simples.

Apesar da evolução inegável do direito no mundo, ainda são chamados a contas pelo bem que fazem e vigiados, com rudeza, devido à verdade consoladora que ensinam.

Mas todos os discípulos fiéis sabem, com Paulo de Tarso, que "em tudo serão atribulados e perplexos", todavia, jamais se entregarão à angústia e ao desânimo. Sabem que o Mestre Divino foi o Grande Atribulado e aprenderam com Ele que da perplexidade, da aflição, do martírio e da morte, transfere-se a alma para a Ressurreição Eterna.

103
Perante a multidão

E outros, zombando, diziam: Estão cheios de mosto.
(Atos, 2:13.)

A lição colhida pelos discípulos de Jesus, no Pentecostes, ainda é um símbolo vivo para todos os aprendizes do Evangelho, diante da multidão.

A revelação da vida eterna continua em todas as direções.

Aquele "som como de um vento veemente e impetuoso" e aquelas "línguas de fogo" a que se refere a descrição apostólica, descem até hoje sobre os continuadores do Cristo, entre os filhos de todas as nações.

As expressões do Pentecostes dilatam-se, em todos os países, embora as vibrações antagônicas das trevas.

Todavia, para milhares de ouvintes e observadores apenas funcionam alguns raros apóstolos, encarregados de preservarem a divina luz.

Realmente, são inumeráveis aqueles que, consciente ou inconscientemente, recebem os benefícios da celeste revelação; entretanto, não são poucos os zombadores de todos os tempos, dispostos à irreverência e à ironia, diante da verdade.

Para esses, os leais seguidores do Mestre estão embriagados e loucos. Não compreendem a humildade que se consagra ao bem, a fraternidade que dá sem exigências descabidas e a fé que confia sempre, não obstante as tempestades.

É indispensável não estranhar o assédio desses pobres inconscientes, se te dispões, efetivamente, a servir ao Senhor da Vida. Cercar-te-ão o trabalho, acusando-te de bêbado; criticar-te-ão as atitudes, chamando-te covarde; escutar-te-ão as palavras de amor, conservando a ironia na boca. Para eles, a tua abnegação será envilecimento, a tua renúncia significará incapacidade, a tua fé será interpretada à conta de loucura.

Não hesites, porém, no espírito de serviço. Permaneces, como os primeiros apóstolos, nas grandes praças, onde se acotovelam homens e mulheres, ignorantes e sábios, velhos e crianças...

Aperfeiçoa tuas qualidades de recepção, onde estiveres, porque o Senhor te chamou para intérprete de Sua Voz, ainda que os maus zombem de ti.

104

Nos mesmos pratos

E Ele, respondendo, disse: O que mete comigo a mão no prato, esse me há de trair.
(*Mateus*, 26:23.)

Toda ocorrência, na missão de Jesus, reveste-se de profunda expressão simbólica.

Dificilmente o ataque de estranhos poderia provocar o Calvário doloroso. Os juízes do Sinédrio, pessoalmente, não se achavam habilitados a movimentar o sinistro assunto, nem os acusadores gratuitos do Mestre poderiam, por si mesmos, efetuar o processo infamante.

Reclamava-se alguém que fraquejasse e traísse a si mesmo.

A ingratidão não é planta de campo contrário.

O infrator mais temível, em todas as boas obras, é sempre o amigo transviado, o companheiro leviano e o irmão indiferente.

Não obstante o respeito que devemos a Judas redimido, convém recordar a lição, em favor do serviço de vigilância, não somente para os discípulos em aprendizado, a fim de que não fracassem, como também para os discípulos em testemunho para que exemplifiquem com o Senhor, compreendendo, agindo e perdoando.

Nas linhas do trabalho cristão, não é demais aguardar grandes lutas e grandes provas, considerando-se, porém, que as maiores angústias não procederão de círculos adversos, mas justamente da esfera mais íntima, quando a inquietação e a revolta, a leviandade e a imprevidência penetram o coração daqueles que mais amamos.

De modo geral, a calúnia e o erro, a defecção e o fel não partem de nossos opositores declarados, mas, sim, daqueles que se alimentam conosco, nos mesmos pratos da vida. Conserve-se cada discípulo plenamente informado, com respeito a semelhante verdade, a fim de que saibamos imitar o Senhor, nos grandes dias.

105
Paz do mundo e paz do Cristo

A paz vos deixo, a minha paz vos dou; não vo-
-la dou como o mundo a dá.
Jesus (*João*, 14:27.)

É indispensável não confundir a paz do mundo com a paz do Cristo.

A calma do plano inferior pode não passar de estacionamento.

A serenidade das esferas mais altas significa trabalho divino, a caminho da Luz Imortal.

O mundo consegue proporcionar muitos acordos e arranjos nesse terreno, mas somente o Senhor pode outorgar ao espírito a paz verdadeira.

Nos círculos da carne, a paz das nações costuma representar o silêncio provisório das baionetas; a dos abastados inconscientes é a preguiça improdutiva e incapaz; a dos que se revoltam, no quadro de lutas necessárias, é a manifestação do desespero doentio; a dos ociosos sistemáticos, é a fuga ao trabalho; a dos arbitrários, é a satisfação dos próprios caprichos; a dos vaidosos, é o aplauso da ignorância; a dos vingativos, é a destruição dos adversários; a dos maus, é a vitória da crueldade; a dos negociantes sagazes, é a exploração inferior; a dos que se agarram às sensações de baixo teor, é a viciação dos sentidos; a dos comilões é o repasto opulento do estômago, embora haja fome espiritual no coração.

Há muitos ímpios, caluniadores, criminosos e indiferentes que desfrutam a paz do mundo. Sentem-se triunfantes, venturosos e dominadores no século. A ignorância endinheirada, a vaidade bem-vestida e a preguiça inteligente sempre dirão que seguem muito bem.

Não te esqueças, contudo, de que a paz do mundo pode ser, muitas vezes, o sono enfermiço da alma. Busca, desse modo, aquela paz do Senhor, paz que excede o entendimento, por nascida e cultivada, portas adentro do espírito, no campo da consciência e no santuário do coração.

106
Como cooperas?

Nós, porém, não recebemos o espírito do mundo, mas o espírito que provém de Deus.
Paulo (*I Coríntios*, 2:12.)

Lendo a afirmativa de Paulo, reconhecemos que, em todos os tempos, o discípulo sincero do Evangelho é defrontado pelo grande conflito entre as sugestões da região inferior e as inspirações das esferas superiores da vida.

O "espírito do mundo" é o acervo de todas as nossas ações delituosas, em séculos de experiências incessantes; o "espírito que provém de Deus" é o constante apelo das Forças do Bem, que nos renovam a oportunidade de progredir cada dia, a fim de descobrirmos a glória eterna a que a Infinita Bondade nos destinou.

Deus é o Pai da Criação.

Tudo, fundamentalmente, pertence a Ele.

Todo campo de trabalho é do Senhor, todo serviço que se fizer será entregue ao Senhor, mas nem todas as ações que se processam na atividade comum provêm do Senhor.

Coexistem nas oficinas terrestres, quaisquer que sejam, a criação divina e a colaboração humana. E cooperadores surgem que se valem da mordomia para exercer a dominação cruel, que se aproveitam da inteligência para intensificar a ignorância alheia ou que estimam a enxada prestimosa, não para cultivar o campo, mas para utilizá-la no crime.

O cientista, no conforto do laboratório, e o marinheiro rude, sob a tempestade, estão trabalhando para o Senhor; entretanto, para a felicidade de cada um, é importante saber como estão trabalhando.

Lembremo-nos de que há serviço divino dentro de nós e fora de nós. A favor de nossa própria redenção, é justo indagar se estamos cooperando com o espírito inferior que nos dominava até ontem ou se já nos afeiçoamos ao espírito renovador do Eterno Pai.

107
Joio

*Deixai crescer ambos juntos até à ceifa e, por
ocasião da ceifa, direi aos ceifeiros: Colhei primeiro
o joio e atai-o em molhos para o queimar.*
JESUS (*Mateus*, 13:30.)

Quando Jesus recomendou o crescimento simultâneo do joio e do trigo, não quis senão demonstrar a sublime tolerância celeste, no quadro das experiências da vida.

O Mestre nunca subtraiu as oportunidades de crescimento e santificação do homem e, nesse sentido, o próprio mal, oriundo das paixões menos dignas, é pacientemente examinado por seu infinito amor, sem ser destruído de pronto.

Importa considerar, portanto, que o joio não cresce por relaxamento do Lavrador Divino, mas sim porque o otimismo do Celeste Semeador nunca perde a esperança na vitória final do bem.

O campo do Cristo é região de atividade incessante e intensa. Tarefas espantosas mobilizam falanges heroicas; contudo, apesar da dedicação e da vigilância dos trabalhadores, o joio surge, ameaçando o serviço.

Jesus, porém, manda aplicar processos defensivos com base na iluminação e na misericórdia. O tempo e a bênção do Senhor agem devagarinho e os propósitos inferiores se transubstanciam.

O homem comum ainda não dispõe de visão adequada para identificar a obra renovadora. Muitas plantas espinhosas ou estéreis são modificadas em sua natureza essencial pelos filtros amorosos do Administrador da Seara, que usa afeições novas, situações diferentes, estímulos inesperados ou responsabilidades ternas que falem ao coração; entretanto, se chega a época da ceifa, depois do tempo de expectativa e observação, faz-se então necessária a eliminação do joio em molhos.

A colheita não é igual para todas as sementes da Terra. Cada espécie tem o seu dia, a sua estação.

Eis por que, aparecendo o tempo justo, de cada homem e de cada coletividade exige-se a extinção do joio, quando os processos transformadores de Jesus foram recebidos em vão. Nesse instante, vemos a individualidade ou o povo a se agitarem através de aflições e hecatombes diversas, em gritos de alarme e socorro, como se estivessem nas sombras de naufrágio inexorável. No entanto, verifica-se apenas a destruição de nossas aquisições ruinosas ou inúteis. E, em vista de o joio ser atado, aos molhos, uma dor nunca vem sozinha.

108
Operemos em Cristo

E quanto fizerdes, por palavras ou por obras, fazei tudo em nome do Senhor Jesus, dando por Ele graças a Deus, e Pai.
PAULO (*Colossenses*, 3:17.)

A espera de resultados, depois de expressões e ações reconhecidamente elevadas, pode provocar enormes prejuízos em nossa romagem para a Suprema Luz.

Enquanto aguardamos manifestações alheias de gratidão ou melhoria, somos suscetíveis de paralisar nossas próprias obrigações, desviando-nos para o terreno escuro da maledicência ou do julgamento precipitado.

Quanto seja possível, distribuamos o bem, entregando nossas atividades ao Cristo, Divino Doador dos benefícios terrestres.

É perigoso estabelecer padrões de reconhecimento para corações alheios, ainda mesmo quando sejam preciosas joias do nosso escrínio espiritual. Em nossa expectação ansiosa por enxergar a soma de nossos gestos nobres, podemos parecer egoístas, ingratos e maldizentes.

Copiemos o pomicultor sensato.

Preparemos a terra, auxiliando-a e adubando-a. Em seguida, lancemos ao solo sementes e mudas valiosas.

O serviço mais importante caberá ao Senhor da Vida. Ele cuidará das circunstâncias favoráveis no espaço e no tempo, desenvolvendo-nos a sementeira, ou anular-nos-á o serviço, através de processos naturais, adiando a realização de nossos desejos, em virtude de razões que desconhecemos.

O pomicultor equilibrado trabalha com títulos de sincera confiança no Céu, ignorando, de maneira absoluta, se colherá flores ou frutos de suas obras, no quadro do imediatismo humano.

Ampara-se, todavia, na Providência Divina e trabalha sempre, a benefício de todos.

Cumpramos, assim, nossa tarefa, por mais alta ou mais humilde, operando invariavelmente em nome de Jesus.

Junto d'Ele, sejam para nós a glória de amar e o prazer de servir.

109
Nisto conheceremos

[...] Nisto conhecemos o espírito da verdade e o espírito do erro.
(*I João*, 4:6.)

Quando sabemos conservar a ligação com a Paz Divina, apesar de todas as perturbações humanas, perdoando quantas vezes forem necessárias ao companheiro que nos magoa; esquecendo o mal para construir o bem; amparando com sinceridade os que nos aborrecem; cooperando espiritualmente, através da ação e da oração, a benefício dos que nos perseguem e caluniam; olvidando nossos desejos particulares para servirmos em favor de todos; guardando a fé no Supremo Poder como luz inapagável no coração; perseverando na bondade construtiva, embora mil golpes da maldade nos assediem; negando a nós mesmos para que a bênção divina resplandeça em torno de nossos passos; carregando nossas dificuldades como dádivas celestes; recebendo adversários por instrutores; bendizendo as lutas que nos aperfeiçoam a alma, à frente da Esfera Maior; convertendo a experiência terrena em celeiro de alegrias para a Eternidade; descortinando ensejos de servir em toda parte; compreendendo e auxiliando sempre, sem a preocupação de sermos entendidos e ajudados; amando os nossos semelhantes qual temos sido amados pelo Senhor, sem expectativa de recompensa; – então, conheceremos o espírito da verdade em nós, iluminando-nos a estrada para a redenção divina.

110
Caridade essencial

E a caridade é esta: que andemos segundo os seus mandamentos. Este é o mandamento, como já desde o princípio ouvistes; que andeis nele.
(*II João*, 1:6.)

Em todos os lugares e situações da vida, a caridade será sempre a fonte divina das bênçãos do Senhor.

Quem dá o pão ao faminto e água ao sedento, remédio ao enfermo e luz ao ignorante, está colaborando na edificação do Reino Divino, em qualquer setor da existência ou da fé religiosa a que foi chamado.

A voz compassiva e fraternal que ilumina o espírito é irmã das mãos que alimentam o corpo.

Assistência, medicação e ensinamento constituem modalidades santas da caridade generosa que executa os programas do bem. São vestiduras diferentes de uma virtude única. Conjugam-se e completam-se num todo nobre e digno.

Ninguém pode assistir a outrem, com eficiência, se não procurou a edificação de si mesmo; ninguém medicará, com proveito, se não adquiriu o espírito de boa vontade para com os que necessitam, e ninguém ensinará, com segurança, se não possui a seu favor os atos de amor ao próximo, no que se refira à compreensão e ao auxílio fraternais.

Em razão disso, as menores manifestações de caridade, nascidas da sincera disposição de servir com Jesus, são atividades sagradas e indiscutíveis. Em todos os lugares, serão sempre sublimes luzes da fraternidade, disseminando alegria, esperança, gratidão, conforto e intercessões benditas.

Antes, porém, da caridade que se manifesta exteriormente nos variados setores da vida, pratiquemos a caridade essencial, sem o que não poderemos efetuar a edificação e a redenção de nós mesmos. Trata-se da caridade de pensarmos, falarmos e agirmos, segundo os ensinamentos do Divino Mestre, no Evangelho. É a caridade de vivermos verdadeiramente n'Ele para que Ele viva em nós. Sem esta, poderemos levar a efeito grandes serviços externos, alcançar intercessões valiosas, em nosso benefício, espalhar notáveis obras de pedra, mas, dentro de nós mesmos, nos instantes de supremo testemunho na fé, estaremos vazios e desolados, na condição de mendigos de luz.

111
Sublime recomendação

Jesus, porém, não lho permitiu, mas disse-lhe: Vai para tua casa, para os teus e anuncia-lhes quão grandes coisas o Senhor te fez, e como teve misericórdia de ti. (Marcos, 5:19.)

Eminentemente expressiva a palavra de Jesus ao endemoninhado que recuperara o equilíbrio, ao toque de seu divino amor.

Aquele doente que, após a cura, se sentia atormentado de incompreensão, rogava ao Senhor lhe permitisse demorar ao seu lado, para gozar-lhe a sublime companhia.

Jesus, porém, não lho permite e recomenda-lhe procure os seus, para anunciar-lhes os benefícios recebidos.

Quantos discípulos copiam a atitude desse doente que se fazia acompanhar por uma legião de gênios perversos!

Olhos abertos à verdade, coração tocado de nova luz, à primeira dificuldade do caminho pretendem fugir ao mundo, famintos de repouso ao lado do Nazareno, esquecendo-se de que o Mestre trabalha sem cessar.

O problema do aprendiz do Cristo não é o de conquistar feriados celestes, mas de atender aos serviços ativos, a que foi convocado, em qualquer lugar, situação, idade e tempo.

Se recebeste a luz do Senhor, meu amigo, vai servir ao Mestre junto dos teus, dos que se prendem à tua caminhada. Se não possuis a família direta, possuis a indireta. Se não contas parentela, tens vizinhos e companheiros. Anuncia os benefícios do Salvador, exibindo a própria cura. Quem demonstra a renovação de si mesmo, em Cristo, habilita-se a cooperar na renovação espiritual dos outros. Quanto ao bem-estar próprio, serás chamado a ele, no momento oportuno.

112
Ciência e temperança

*E à ciência, a temperança; à temperança,
a paciência; à paciência, a piedade.*
(*II Pedro*, 1:6.)

Quem sabe precisa ser sóbrio.

Não vale saber para destruir.

Muita gente, aos primeiros contatos com a fonte do conhecimento, assume atitudes contraditórias. Impondo ideias, golpeando aqui e acolá, semelhantes expositores do saber nada mais realizam que a perturbação.

É por isso que a ciência, em suas expressões diversas, dá mão forte a conflitos ruinosos ou inúteis em política, filosofia e religião.

Quase todos os desequilíbrios do mundo se originam da intemperança naqueles que aprenderam alguma coisa.

Não esqueçamos. Toda ciência, desde o recanto mais humilde ao mais elevado da Terra, exige ponderação. O homem do serviço de higiene precisa temperança, a fim de que a sua vassoura não constitua objeto de tropeço, tanto quanto o homem de governo necessita sobriedade no lançamento das leis, para não conturbar o espírito da multidão. E não olvidemos que a temperança, para surtir o êxito desejado, não pode eximir-se à paciência, como a paciência, para bem demonstrar-se, não pode fugir à piedade, que é sempre compreensão e concurso fraternal.

Se algo sabes na vida, não te precipites a ensinar como quem tiraniza, menosprezando conquistas alheias. Examina as situações características de cada um e procura, primeiramente, entender o irmão de luta.

Saber não é tudo. É necessário fazer. E para bem fazer homem algum dispensará a calma e a serenidade, imprescindíveis ao êxito, nem desdenhará a cooperação que é a companheira dileta do amor.

113
A fuga

E orai para que a vossa fuga não aconteça no inverno, nem no sábado.
JESUS (*Mateus*, 24:20.)

A permanência nos círculos mais baixos da Natureza institui para a alma um segundo modo de ser, em que a viciação se faz obsidente e imperiosa. Para que alguém se retire de semelhantes charcos do espírito é imprescindível que fuja.

Raramente, porém, a vítima conseguirá libertar-se, sem a disciplina de si mesma.

Muita vez, é preciso violentar o próprio coração. Somente assim demandará novos planos.

Justo, pois, recorrer à imagem do Mestre, quando se reportou ao planeta em geral, salientando as necessidades do indivíduo.

É conveniente a todo aprendiz a fuga proveitosa da região lodacenta da vida, enquanto não chega o "inverno" ou os derradeiros recursos de tempo, recebidos para o serviço humano.

Cada homem possui, com a existência, uma série de estações e uma relação de dias, estruturada em precioso cálculo de probabilidades. Razoável se torna que o trabalhador aproveite a primavera da mocidade, o verão das forças físicas e o outono da reflexão, para a grande viagem do inferior para o superior; entretanto, a maioria aguarda o inverno da velhice ou do sofrimento irremediável na Terra, quando o ensejo de trabalho está findo.

As possibilidades para determinada experiência jazem esgotadas. Não é o fim da vida, mas o termo de preciosa concessão. E, naturalmente, o servidor descuidado, que deixou para sábado o trabalho que deveria executar na segunda-feira, será obrigado a recapitular a tarefa, sabe Deus quando!

114
O quadro-negro

Mas tenho-vos dito isto, a fim de que, quando chegar aquela hora, vos lembreis de que já vo-lo tinha dito.
Jesus (*João*, 16:4.)

Referia-se Jesus aos próprios testemunhos, entretanto, podemos igualmente aplicar-lhe os divinos conceitos a nós mesmos, desencarnados e encarnados.

Cada discípulo terá sua hora de revelações do aproveitamento individual.

As escolas primárias não dispensam o habitual quadro-negro, destinado às demonstrações isoladas do aluno.

À frente do professor consciencioso, o aprendiz mostrará quanto lucrou, sem os recursos do plágio afetuoso, entre companheiros.

Sobre a zona escura, o giz claro definirá, fielmente, a posição firme ou insegura do estudante.

E não será isto mesmo o que se repete na escola vasta do mundo? O homem, nas lutas vulgares, poderá socorrer-se, indefinidamente, dos bons amigos. O Pai permite semelhantes contatos para que as oportunidades de aprender se lhe tornem irrestritas; no entanto, lá vem "aquela hora" em que a criatura deve tomar o giz alvo e puro das realizações espirituais, colocando-se junto ao quadro-negro das provas edificantes.

Alguns aprendizes fracassam porque não sabem multiplicar os bens, nem dividi-los. Ignoram como subtrair a luz das trevas, somam os conflitos e formam equações de ódio e vingança. Esquecem-se de que Jesus salientou o amor, por máxima glória, em todas as situações do apostolado evangélico e que, mesmo na cruz, depois de receber os fatores da injúria, da perseguição, da ironia e do desprezo, somou-os na tábua do coração, extraindo a divina equação de serenidade, entendimento e perdão.

Oh! vós, que ides ao quadro-negro das atividades terrestres, abandonai o giz escuro da desesperação! escrevei em caracteres de luz o que aprendestes do Mestre Divino! Revelai o próprio valor! Lembrai-vos que instrutores benevolentes e sábios vos inspiram as mãos! Abençoai o quadro-negro que vos pede o giz de suor e lágrimas, porque junto dele podereis conquistar o curso maior!...

115
Armai-vos

Portanto tomai toda a armadura de Deus, para que possais resistir no dia mau e, havendo feito tudo, ficar firmes.
Paulo (*Efésios*, 6:13.)

O movimento da fé não proporciona consolações tão somente. Buscar-lhe as fontes sublimes para retirar apenas conforto, seria proceder à maneira das crianças que nada enxergam senão guloseimas.

É indispensável tomar as armaduras de Deus nas casas consagradas ao labor divino.

Ilógico aproximar-se o filho adulto da presença paterna com a exclusiva preocupação de receber carinho. A mente juvenil necessita aceitar a educação construtiva que lhe é oferecida, revestindo-se de poderes benéficos, na ação incessante do bem, a fim de que os progenitores se sintam correspondidos na sua heroica dedicação.

A sede de ternura palpita em todos os seres, contudo, não se deve olvidar o trabalho que enrijece as energias comuns, a responsabilidade que define a posição justa e o esforço próprio que enobrece o caminho.

Em todos os templos do pensamento religioso elevado, o Pai está oferecendo armaduras aos seus filhos.

Os crentes, num impulso louvável, podem entregar-se naturalmente às melhores expansões afetivas, mas não se esqueçam de que o Senhor lhes oferece instrumentos espirituais para a fortaleza de que necessitam, dentro da luta redentora; somente de posse de semelhantes armaduras pode a alma resistir, nos maus dias da experiência terrestre, sustentando a serenidade própria, nos instantes dolorosos e guardando-se na couraça da firmeza de Deus.

116
Não só

E peço isto: que a vossa caridade abunde mais e mais em ciência e em todo o conhecimento.
PAULO (*Filipenses*, 1:9.)

A caridade é, invariavelmente, sublime nas menores manifestações, todavia, inúmeras pessoas muitas vezes procuram limitá-la, ocultando-lhe o espírito divino.

Muitos aprendizes creem que praticá-la é apenas oferecer dádivas materiais aos necessitados de pão e teto.

Caridade, porém, representa muito mais que isso para os verdadeiros discípulos do Evangelho.

Em sua carta aos filipenses, oferece Paulo valiosa assertiva, com referência ao assunto.

Indispensável é que a caridade do cristão fiel abunde em conhecimento elevado.

Certo benfeitor distribuirá muito pão, mas se permanece deliberadamente nas sombras da ignorância, do sectarismo ou da autoadoração não estará faltando com o dever de assistência caridosa a si mesmo?

Espalhar o bem não é somente transmitir facilidades de natureza material. Muitas máquinas, nos tempos modernos, distribuem energia e poder, automaticamente.

Caridade essencial é intensificar o bem, sob todas as formas respeitáveis, sem olvidarmos o imperativo de autossublimação para que outros se renovem para a vida superior, compreendendo que é indispensável conjugar, no mesmo ritmo, os verbos *dar* e *saber*.

Muitos crentes preferem apenas dar e outros se circunscrevem simplesmente em saber; as atividades de todos os benfeitores dessa espécie são úteis, mas incompletas.

Ambas as classes podem sofrer presunção venenosa.

Bondade e conhecimento, pão e luz, amparo e iluminação, sentimento e consciência são arcos divinos que integram os círculos perfeitos da caridade.

Não só receber e dar, mas também ensinar e aprender.

117
Para isto

*Porque para isto sois chamados; pois também o
Cristo padeceu por nós, deixando-nos o exemplo.
(I Pedro, 2:21.)*

Elevada percentagem de crentes considera-se imune de todos os sofrimentos, porque, no conceito de grande parte daqueles que aceitam a fé cristã, entregar-se às fórmulas religiosas é subtrair-se à luta, candidatando-se à beatitude imperturbável.

Na apreciação de muita gente, os que oram não deveriam conhecer a dor.

O socorro divino assemelhar-se-ia à proteção de um monarca terrestre, doador de favores segundo as bajulações recebidas.

A situação do aprendiz de Jesus é, todavia, muito diversa.

Os títulos do Cristo não são os da inatividade, com isenção de responsabilidade e esforço.

Todos os chamados ao trabalho evangélico não podem esquecer as necessidades do serviço.

O Mestre, naturalmente, precisa de companheiros que n'Ele confiem, mas não prescindirá dos que se revelem colaboradores fiéis de sua obra.

Seria justo postar-se indefinidamente o devedor, ante a generosidade do credor, confiando sempre, sem o mínimo sinal de solução ao débito adquirido?

Não somente os homens vivem na lei de permuta.

As Forças Divinas baseiam a movimentação do bem no mesmo princípio.

O Mestre Celestial ensina a todos, em verdade, as sublimes lições da vida; entretanto, não é razoável que todos os séculos assinalem nos bancos escolares da experiência humana os mesmos alunos preguiçosos e inquietos.

É indispensável que as turmas de bons obreiros se dirijam às zonas de serviço, preparados para os testemunhos dos ensinamentos recebidos.

Simão Pedro sintetiza o trabalho dos cristãos de maneira magistral.

Sois chamados para isto – assevera o apóstolo.

A afirmativa simples indica que os discípulos leais foram convocados a sofrer pelo bem.

118
Queixas

*Irmãos, não vos queixeis uns contra os outros,
para que não sejais condenados.*
(*Tiago*, 5:9.)

A queixa nunca resolveu problemas de ordem evolutiva, entretanto, se os aprendizes do Evangelho somassem os minutos perdidos nesse falso sistema de desabafo, admirar-se-iam do volume de tempo perdido.

Realmente, muitos trabalhadores valiosos não se referem a sofrimento e serviço, com espírito de repulsa à tarefa que lhes foi cometida.

A amizade e a confiança sempre autorizam confidências; mesmo nesse particular, contudo, vale disciplinar a conversação.

A palestra lamentosa desfigura muitos quadros nobres do caminho, além de anular grandes cotas de energia, improficuamente.

O discípulo do Evangelho deveria, antes de qualquer alusão amargosa, tranquilizar o mundo interno e perguntar a si mesmo: "Queixar por quê? não será a esfera de luta o campo de aprendizado? acaso, não é a sombra que pede luz, a dor que reclama alívio? não é o mal que requisita o concurso do bem?"

A queixa é um vício imperceptível que distrai pessoas bem-intencionadas da execução do dever justo.

Existem obrigações pequeninas e milagrosas que, levadas a efeito, beneficiariam grupos inteiros; todavia, basta um momento de queixa para que sejam irremediavelmente esquecidas.

Se alguém ou algum acontecimento te oferece ocasião ao concurso fraterno, faze o bem que puderes sem reparar a gratidão alheia e, por mais duro te pareça o serviço comum, aprende a cooperar com o Cristo, na solução das dificuldades.

A queixa não atende à realização cristã, em parte alguma, e complica todos os problemas. Lembra-te de que se lhe deres a língua, conduzir-te-á à ociosidade, e, se lhe deres os ouvidos, te encaminhará à perturbação.

119
Fortaleza

Sabendo que a tribulação produz fortaleza.
PAULO (*Romanos*, 5:3.)

Quereis fortaleza? Não vos esquiveis à tempestade.

Muita gente pretende robustecer-se ao preço de rogativas para evitar o serviço áspero. Chegada a preciosa oportunidade de testemunhar a fé, internam-se os crentes, de maneira geral, pelos caminhos largos da fuga, acreditando-se em segurança. Entretanto, mais dia menos dia, surge a ocasião dolorosa em que abrem falência de si mesmos.

Julgam-se, então, perseguidos e abandonados.

Semelhantes impressões, todavia, nascem da ausência de preparo interno.

Esquecem-se os imprevidentes de que a tempestade possui certas funções regeneradoras e educativas que é imprescindível não menosprezar.

A tribulação é a tormenta das almas. Ninguém deveria olvidar-lhe os benefícios.

Quando a verdade brilhar, no caminho das criaturas, ver-se-á que obstáculos e sofrimentos não representam espantalho para os homens, mas sim quadros preciosos de lições sublimes que os aprendizes sinceros nunca podem esquecer.

Que seria da criança sem a experiência? que será do espírito sem a necessidade?

Aflições, dificuldades e lutas são forças que compelem à dilatação de poder, ao alargamento de caminho.

É necessário que o homem, apesar das rajadas aparentemente destruidoras do destino, se conserve de pé, desassombradamente, marchando, firme, ao encontro dos sagrados objetivos da vida. Nova luz lhe felicitará, então, a esfera íntima, conduzindo-o, desde a Terra, à gloriosa ressurreição no Plano Espiritual.

Escutemos as palavras de Paulo e vivamo-las!

Ai daqueles que se deitarem sob a tempestade! Os detritos projetados do monte pelas correntes do aguaceiro poderão sufocá-los, arrastando-os para o fundo do abismo.

120
Herdeiros

E, se nós somos filhos, somos logo herdeiros também, herdeiros de Deus e coerdeiros do Cristo.
PAULO (*Romanos*, 8:17.)

Incompreensivelmente, muitas escolas religiosas, através de seus expositores, relegam o homem à esfera de miserabilidade absoluta.

Púlpitos, tribunas, praças, livros e jornais estão repletos de tremendas acusações.

Os filhos da Terra são categorizados à conta de réus da pena última.

Ninguém contesta que o homem, na condição de aluno em crescimento na Sabedoria Universal, tem errado em todos os tempos; ninguém ignora que o crime ainda obceca, muitas vezes, o pensamento das criaturas terrestres; entretanto, é indispensável restabelecer a verdade essencial. Se muitas almas permanecem caídas, Deus lhes renova, diariamente, a oportunidade de reerguimento.

Além disso, o Evangelho é o roteiro do otimismo divino.

Paulo, em sua epístola aos romanos, confere aos homens, com justiça, o título de herdeiros do Pai e coerdeiros de Jesus.

Por que razão se dilataria a paciência do Céu para conosco, se nós, os trabalhadores encarnados e desencarnados da Terra, não passássemos de seres desventurados e inúteis? Seria justa a renovação do ensejo de aprimoramento a criaturas irremediavelmente malditas?

É necessário fortalecer a fé sublime que elevamos ao Alto, sem nos esquecermos de que o Alto deposita santificada fé em nós.

Que a Humanidade não menospreze a esperança.

Não somos fantasmas de penas eternas e sim herdeiros da Glória Celestial, não obstante nossas antigas imperfeições. O imperativo de felicidade, porém, exige que nos eduquemos, convenientemente, habilitando-nos à posse imorredoura da herança divina.

Olvidemos o desperdício da energia, os caprichos da infância espiritual e cresçamos, para ser, com o Pai, os tutores de nós mesmos.

121
Amizade e compreensão

Com leite vos criei, e não com manjar, porque ainda não podíeis, nem tampouco ainda agora podeis.
Paulo (*I Coríntios*, 3:2.)

Muitos companheiros de luta exigem cooperadores esclarecidos para as tarefas que lhes dizem respeito, amigos valiosos que lhes entendam os propósitos e valorizem os trabalhos, esquecidos de que as afeições, quanto as plantas, reclamam cultivo adequado.

Compreensão não se improvisa. É obra de tempo, colaboração, harmonia.

O próprio Cristo, primeiramente, semeou o ideal divino no coração dos continuadores, antes de recolher-lhes o entendimento. Sofreu-lhes as negações, tolerou-lhes as fraquezas e desculpou-lhes as exigências para formar, por fim, o colégio apostólico.

Nesse particular, Paulo de Tarso fornece-nos judiciosa lição, declarando aos coríntios que os criara *com leite*. Tão pequena afirmativa transborda sabedoria vastíssima. O apóstolo generoso, gigante no conhecimento e na fé viva, edificara os companheiros de sua missão evangélica em Corinto, não com o alimento complexo das teses difíceis, mas com os ensinamentos simples da verdade e as puras demonstrações de amor em Cristo Jesus. Não lhes conquistara a confiança e a estima exibindo cultura ou impondo princípios, mas, sim, orando e servindo, trabalhando e amando.

Existe uma ciência de cultivar a amizade e construir o entendimento. Como acontece ao trigo, no campo espiritual do amor, não será possível colher sem semear.

Examina, pois, diariamente, a tua lavoura afetiva. Observa se estás exigindo flores prematuras ou frutos antecipados. Não te esqueças da atenção, do adubo, do irrigador. Coloca-te na posição da planta em jardim alheio e, reparando os cuidados que exiges, não desdenhes resgatar as tuas dívidas de amor para com os outros.

Imita o lavrador prudente e devotado, se desejas atingir a colheita de grandes e preciosos resultados.

122
Hoje, onde estivermos

Porque o salário do pecado é a morte, mas o dom gratuito de Deus é a vida eterna em Cristo Jesus Nosso Senhor.
Paulo (*Romanos*, 6:23.)

Para os que permanecem na carne, a morte significa o fim do corpo denso; para os que vivem na esfera espiritual, representa o reinício da experiência.

De qualquer modo, porém, o término cheio de dor ou a recapitulação repleta de dificuldades constituem o salário do erro.

Quanta vez temos voltado aos círculos carnais em obrigações expiatórias, sentindo, de novo, a sufocação dentro dos veículos fisiológicos para tornar à vida verdadeira?

Muitos aprendizes estimam as longas repetições, entretanto, pelo que temos aprendido, somos obrigados a considerar que vale mais um dia bem vivido com o Senhor que cem anos de rebeldia em nossas criações inferiores.

Infelizmente, porém, tantos laços grosseiros inventamos para nossas almas que o nosso viver, na maioria das ocasiões, na condição de encarnados ou desencarnados, ainda é o cativeiro a milenárias paixões.

Concedeu-nos o Senhor a Vida Eterna, mas não temos sabido vivê-la, transformando-a em enfermiça experimentação. Daí procede a nossa paisagem de sombra, em desencarnando na Terra ou regressando aos seus umbrais.

A provação complicada é consequência do erro, a perturbação é o fruto do esquecimento do dever.

Renovemo-nos, pois, no dia de Hoje, onde estivermos. Olvidemos as linhas curvas de nossas indecisões e façamos de nosso esforço a linha reta para o bem com a Vontade do Senhor.

Os pontos minúsculos formam as figuras gigantescas.

As coisas mínimas constroem as grandiosas edificações. Retiremo-nos das regiões escuras da morte na prática do mal, para que nos tornemos dignos da Vida Eterna, que é dom gratuito de Deus.

123

Amargura

Tendo cuidado de que ninguém se prive da graça de Deus e de que nenhuma raiz de amargura, brotando, vos perturbe, e por ela muitos se contaminem.
Paulo (*Hebreus*, 12:15.)

Para bem servir ao Senhor, não é razoável marchemos ao longo do trabalho honroso à maneira de cooperadores lacrimosos e descontentes.

A mágoa, muitas vezes, traduz desconfiança e deslealdade.

O coração operoso e confiante nunca perde o otimismo, colocando-se, antes de tudo, à frente do Infinito e da Eternidade.

Há dificuldades e problemas?

Prossigamos em serviço e o Mestre Divino oferecer-nos-á a solução.

Há sombras?

Lembremo-nos de que não existem nuvens eternas, porque o Centro da Criação é Luz Imperecível.

Há quedas?

Estejamos convictos de que o reerguimento não se fará esperar.

O dever do trabalhador é continuar a tarefa que lhe foi conferida, tanto quanto a obrigação do servo fiel é marchar na realização do programa de quem lhe concedeu a bênção do serviço edificante.

Tenhamos em mente que, em favor do êxito geral de nosso esforço, é imprescindível o incessante combate às raízes de amargura no coração. Se brotarem livremente, serão venenosos arbustos, prejudicando a movimentação dos interesses coletivos de elevação e paz.

Guardemos reflexão e prudência, mas destruamos a amargura injustificável, para que não perturbemos a obra do Mestre e para que os nossos amados não se privem da graça de Deus.

124
O som

*Porque, se a trombeta der sonido incerto,
quem se preparará para a batalha?*
PAULO (*I Coríntios*, 14:8.)

Ninguém julgue sejam necessários grandes cataclismos para que se efetue a modificação de planos da criatura.

O homem pode mudar-se de esfera, sem alarido cósmico, e as zonas superiores e inferiores representam graus de vida, na escala do Infinito.

Elevação e queda, diante da própria consciência, constituem impulso para cima ou para baixo, no campo ilimitado de manifestações do espírito imperecível.

Toda modificação para melhor reclama luta, tanto quanto qualquer ascensão exige esforço.

É imprescindível a preparação de cada um para a subida espiritual.

É natural, portanto, que os vanguardeiros sejam porta-vozes a todos aqueles que acompanham o trabalho de melhoria, aglomerados em multidão.

Eis por que, personificando no discípulo do Evangelho a trombeta viva do Cristo, dele devemos esperar avisos seguros.

Em quase todos os lugares, observamos os instrumentos de sons incertos que dão notícia do serviço a fazer, mas não revelam caminhos justos.

Na maioria dos núcleos do Cristianismo renascente, deparam-se-nos trabalhadores altamente dotados de luz espiritual, que duvidam de si mesmos, companheiros valiosos cuja fé somente vibra em descontínuas fulgurações.

É necessário compreender, porém, que o som incerto não atende ao roteiro exato. Serve para despertar, mas não fornece orientação.

Os aprendizes da Boa-Nova constituem a instrumentalidade do Senhor. Sabemos que, coletivamente, permanecem todos empenhados em servi-lo, entretanto, ninguém olvide a necessidade de afinar a trombeta dos sentimentos e pensamentos pelo diapasão do Divino Mestre, para que a interferência individual não se faça nota dissonante no sublime concerto do serviço redentor.

125
O Senhor mostrará

E eu lhe mostrarei quanto deve padecer pelo meu nome.
Jesus (*Atos*, 9:16.)

O diálogo entre o Mestre e Ananias, relativamente ao socorro de que Paulo necessitava, reveste-se de significação especial para todos os aprendizes do Evangelho.

Digna de nota é a observação de Jesus, recomendando ao apóstolo da gentilidade que ingressasse em Damasco, onde lhe revelaria quanto convinha fazer, e muito importante a determinação a Ananias para que atendesse ao famoso verdugo trazido à fé.

O apelo do Céu ao cooperativismo transborda da lição. Perseguidor e perseguido reúnem-se no altar da fraternidade e do trabalho útil. O velhinho de Damasco presta socorro ao ex-rabino. Paulo, em troca, prodigaliza-lhe enorme alegria ao coração.

Acresce notar, porém, que Jesus chamou a si a tarefa de revelar ao recém-convertido quanto lhe competia lutar e sofrer por amor ao Reino Divino.

Semelhantes operações espirituais se repetem, cada dia, nas atividades terrestres.

Debaixo da inspiração do Cristo, diariamente há movimentos de aproximação entre quantos se candidatam ao bom entendimento, perante a vida eterna. Alguns trazem a mão confortadora e amiga da assistência fraternal, outros o júbilo sagrado da esperança sublime. Estabelecem-se novos acordos. Traçam-se novas diretrizes.

Imperioso é reconhecer, porém, que o Senhor mostrará a cada trabalhador o conteúdo de serviço e testemunho que lhe compete fornecer no ministério do seu Amor infinito.

126
Obediência construtiva

E assim vos rogo eu, o preso do Senhor, que andeis como é digno da vocação com que fostes chamados.
Paulo (*Efésios*, 4:1.)

Na leitura do Evangelho, é necessário fixar o pensamento nas lições divinas, para que lhes sorvamos o conteúdo de sabedoria.

No versículo sob nossa atenção, reparamos em Paulo de Tarso o exemplo da suprema humildade, perante os desígnios da Providência.

Escrevendo aos efésios, declara-se o apóstolo prisioneiro do Senhor.

Aquele homem sábio e vigoroso, que se rendera a Jesus, incondicionalmente, às portas de Damasco, revela à comunidade cristã a sublime qualidade de sua fé.

Não se afirma detento dos romanos, nem comenta a situação que resultava da intriga judaica. Não nomeia os algozes, nem se refere às sentinelas que o acompanham de perto.

Não examina serviços prestados.

Não relaciona lamentações.

Compreendendo que permanece a serviço do Cristo e cônscio dos deveres sagrados que lhe competem, dá-se por prisioneiro da Ordem Celestial e continua tranquilamente a própria missão.

Simples frase demonstra-lhe a elevada concepção de obediência.

Anotando-lhe a nobre atitude, conviria lembrar a nossa necessidade de conferir primazia à vontade de Jesus, em nossas experiências.

Quando predominarem, nos quadros da evolução terrestre, os discípulos que se sentem administradores do Senhor, operários do Senhor e cooperadores do Senhor, a Terra alcançará expressiva posição no seio das esferas.

Imitando o exemplo de Paulo, sejamos fiéis servidores do Cristo, em toda parte. Somente assim, abandonaremos a caverna da impulsividade primitiva, colocando-nos a caminho do mundo melhor.

127
O teu dom

Não desprezes o dom que há em ti.
PAULO (*I Timóteo*, 4:14.)

Em todos os setores de reorganização da fé cristã, nos quadros do Espiritismo contemporâneo, há sempre companheiros dominados por nocivas inquietações.

O problema da mediunidade, principalmente, é dos mais ventilados, esquecendo-se, não raro, o impositivo essencial do serviço.

Aquisições psíquicas não constituem realizações mecânicas.

É indispensável aplicar nobremente as bênçãos já recebidas, a fim de que possamos solicitar concessões novas.

Em toda parte, há insopitável ansiedade por recolher dons do Céu, sem nenhuma disposição sincera de espalhá-los, a benefício de todos, em nome do Divino Doador. Entretanto, o campo de lutas e experiências terrestres é a obra extensa do Cristo, dentro da qual a cada trabalhador se impõe certa particularidade de serviço.

Diariamente, haverá mais farta distribuição de luz espiritual em favor de quantos se utilizam da luz que já lhes foi concedida, no engrandecimento e na paz da comunidade.

Não é razoável, porém, conferir instrumentos novos a mãos ociosas, que entregam enxadas à ferrugem.

Recorda, pois, meu amigo, que podes ser o intermediário do Mestre, em qualquer parte.

Basta que compreendas a obrigação fundamental, no trabalho do bem, e atendas à Vontade do Senhor, agindo, incessantemente, na concretização dos Celestes Desígnios.

Não te aflijas, portanto, se ainda não recebeste a credencial para o intercâmbio direto com o plano invisível, sob o ponto de vista fenomênico. Se suspiras pela comunicação franca com os espíritos desencarnados, lembra-te de que também és um espírito imortal, temporariamente na Terra, com o dever de aplicar o sublime dom de servir que há em ti mesmo.

128
Liberdade

Não useis, porém, da liberdade para dar ocasião à carne, mas servi-vos uns aos outros pela caridade.
Paulo (*Gálatas*, 5:13.)

Em todos os tempos, a liberdade foi utilizada pelos dominadores da Terra. Em variados setores da evolução humana, os mordomos do mundo aproveitam-na para o exercício da tirania, usam-na os servos em explosões de revolta e descontentamento.

Quase todos os habitantes do planeta pretendem a exoneração de toda e qualquer responsabilidade, para se mergulharem na escravidão aos delitos de toda sorte.

Ninguém, contudo, deveria recorrer ao Evangelho para aviltar o sublime princípio.

A palavra do apóstolo aos gentios é bastante expressiva. O maior valor da independência relativa de que desfrutamos reside na possibilidade de nos servirmos uns aos outros, glorificando o bem.

O homem gozará sempre da liberdade condicional e, dentro dela, pode alterar o curso da própria existência, pelo bom ou mau uso de semelhante faculdade nas relações comuns.

É forçoso reconhecer, porém, que são muito raros os que se decidem à aplicação dignificante dessa virtude superior.

Em quase todas as ocasiões, o perseguido, com oportunidade de desculpar, mentaliza represálias violentas; o caluniado, com ensejo de perdão divino, recorre à vingança; o incompreendido, no instante azado de revelar fraternidade e benevolência, reclama reparações.

Onde se acham aqueles que se valem do sofrimento, para intensificar o aprendizado com Jesus Cristo? onde os que se sentem suficientemente livres para converter espinhos em bênçãos? No entanto, o Pai concede relativa liberdade a todos os filhos, observando-lhes a conduta.

Raríssimas são as criaturas que sabem elevar o sentido da independência a expressões de voo espiritual para o Infinito. A maioria dos homens cai, desastradamente, na primeira e nova concessão do Céu, transformando, às vezes, elos de veludo em algemas de bronze.

129
Serviço de salvação

*E acontecerá que todo aquele que invocar
o nome do Senhor será salvo.*
(*Atos*, 2:21.)

Os espíritos mais renitentes no crime serão salvos das garras do mal, se invocarem verdadeiramente o amparo do Senhor.

E é forçoso observar que chega sempre um instante, na experiência individual, em que somos constrangidos a recorrer ao que possuímos de mais precioso, no terreno da crença.

Os próprios materialistas não escapam a semelhante impositivo da luta humana; qual ocorre aos demais, nas contingências dilacerantes requisitam o socorro do dinheiro, da ciência provisória, das posições convencionalistas, que, aliás, em boa tese, auxiliam, mas não salvam.

Indispensável se torna recorrer a Jesus para a solução de nossas questões fundamentais.

Invoquemos a compaixão d'Ele e não nos faltará recurso adequado. Não bastará, contudo, tão somente aprender a rogar. Estudemos também a arte de receber.

Às vezes, surgem diferenças superficiais entre pedido e suprimento. O trabalho salvador do Céu virá ao nosso encontro, mas não obedecerá, em grande número de ocasiões, à expectativa de nossa visão imperfeita. Em muitos casos, a Providência Divina nos visita em forma de doença, escassez e contrariedade...

A miopia terrena, todavia, de modo geral, só interpreta a palavra "salvação" por "vantagem imediata" e, por isso, um leve desgosto ou uma desilusão útil provocam torrentes de lamentações improdutivas. Apesar de tudo, porém, o Cristo nunca deixa de socorrer e aliviar, e o seu sublime esforço de redenção assume variados aspectos tanto quanto são diversas as necessidades de cada um.

130
Amai-vos

*Não amemos de palavra, nem de língua,
mas por obras e em verdade.*
(I João, 3:18.)

Por norma de fraternidade pura e sincera, recomenda a Palavra Divina: "Amai-vos uns aos outros."
Não determina seleções.
Não exalta conveniências.
Não impõe condicionais.
Não desfavorece os infelizes.
Não menoscaba os fracos.
Não faz privilégios.
Não pede o afastamento dos maus.
Não desconsidera os filhos do lar alheio.
Não destaca a parentela consanguínea.
Não menospreza os adversários.

E o apóstolo acrescenta: – "Não amemos de palavra, mas através das obras, com todo o fervor do coração".

O Universo é o nosso domicílio.

A Humanidade é a nossa família.

Aproximemo-nos dos piores, para ajudar.

Aproximemo-nos dos melhores, para aprender.

Amarmo-nos, servindo uns aos outros, não de boca, mas de coração, constitui para nós todos o glorioso caminho de ascensão.

131
Consciência

Guardando o mistério da fé numa consciência pura.
PAULO (*I Timóteo*, 3:9.)

Curiosidade ou sofrimento oferecem portas à fé, mas não representam o vaso divino destinado à sua manutenção.

Em todos os lugares, observamos pessoas que, em seguida a grandes calamidades da sorte, correm pressurosas aos templos ou aos oráculos novos, manifestando esperança no remédio das palavras.

O fenômeno, entretanto, muitas vezes, é apenas verbal. O que lhes vibra no coração é o capricho insatisfeito ou ferido pelos azorragues de experiências cruéis...

Claro que semelhante recurso pode constituir um caminho para a edificação da confiança, sem ser, contudo, a providência ideal.

Paulo de Tarso, em suas recomendações a Timóteo, esclarece o problema com traço firme.

É imprescindível guardar a fé e a crença em sentimentos puros. Sem isso, o homem oscilará, na intranquilidade, pela insegurança do mundo íntimo.

A consciência obscura ou tisnada inclina-se, invariavelmente, para as retificações dolorosas, em cujo serviço podem nascer novos débitos, quando a criatura se caracteriza pela vontade frágil e enfermiça.

Os aprendizes do Evangelho devem recordar o conselho paulino que se reveste de profunda importância para todas as escolas do Cristianismo.

O divino mistério da fé viva é problema de consciência cristalina. Trabalhemos, portanto, por apresentarmos ao Pai a retidão e a pureza dos pensamentos.

132
Vigilância

Vigiai, pois, porque não sabeis a que hora virá o vosso Senhor.
JESUS (*Mateus*, 24:42.)

Ninguém alegue o título de aprendiz de Jesus para furtar-se ao serviço ativo na luta do bem contra o mal, da luz contra a sombra.

A determinação de vigilância partiu dos próprios lábios do Mestre Divino.

Como é possível preservar algum patrimônio precioso sem vigiá-lo atentamente? O homem de consciência retilínea, em todas as épocas, será obrigado a participar do esforço de conservação, dilatação e defesa do bem.

É verdade indiscutível que marchamos todos para a fraternidade universal, para a realização concreta dos ensinamentos cristãos; todavia, enquanto não atingirmos a época em que o Evangelho se materializará na

Terra, não será justo entregar ao mal, à desordem ou à perturbação a parte de serviço que nos compete.

Para defender-se de intempéries, de rigores climáticos, o homem edificou o lar e vestiu-se, convenientemente.

Semelhante lei de preservação vigora em toda a esfera de trabalho no mundo. As coletividades exigem instituições que lhes garantam o bem-estar e o trabalho digno, sem aflições de cativeiro. As nações requerem "casas" de princípios nobilitantes, em que se refugiem contra as tormentas da ignorância ou da agressividade, do desespero ou da decadência.

E no serviço de construção cristã do mundo futuro, é indispensável vigiar o campo que nos compete.

O apostolado é de Jesus; a obra pertence-lhe. Ele virá, no momento oportuno, a todos os departamentos de serviço, orientando as particularidades do ministério de purificação e sublimação da vida, contudo, ninguém se esqueça de que o Senhor não prescinde da colaboração de sentinelas.

133
Casa espiritual

Vós, também, como pedras vivas, sois edificados casa espiritual.
(*I Pedro*, 2:5.)

Cada homem é uma casa espiritual que deve estar, por deliberação e esforço do morador, em contínua modificação para melhor.

Valendo-nos do símbolo, recordamos que existem casas ao abandono, caminhando para a ruína, e outras que se revelam sufocadas pela hera entrelaçada ou transformadas em redutos de seres traiçoeiros e venenosos da sombra; aparecem, de quando em quando, edificações relaxadas, cujos inquilinos jamais se animam a remover o lixo desprezível e observam-se as moradias fantasiosas, que ostentam fachada soberba com indisfarçável desorganização interior, tanto quanto as que se encontram penhoradas por hipotecas de grande vulto, sendo justo acrescentar que são raras as residências completamente livres, em constante renovação para melhor.

O aprendiz do Evangelho precisa, pois, refletir nas palavras de Simão Pedro, porque a lição de Jesus não deve ser tomada apenas como carícia embaladora e, sim, por material de construção e reconstrução da reforma integral da casa íntima.

Muita vez, é imprescindível que os alicerces de nosso santuário interior sejam abalados e renovados.

Cristo não é somente uma figuração filosófica ou religiosa nos altiplanos do pensamento universal. É também o restaurador da casa espiritual dos homens.

O cristão sem reforma interna dispõe apenas das plantas do serviço. O discípulo sincero, porém, é o trabalhador devotado que atinge a luz do Senhor, não em benefício de Jesus, mas, sobretudo, em favor de si mesmo.

134
Alfaias

Naquele dia, quem estiver no telhado, tendo as suas alfaias em casa, não desça a tomá-las.
Jesus (*Lucas*, 17:31.)

A palavra do Mestre não deixa margem a hesitações.

Naturalmente, todo aprendiz vive na organização que lhe é própria. Cada qual permanece em casa, isto é, na criação individual ou no campo de testemunho a que o Senhor o conduziu.

Geralmente, porém, jamais está sozinho.

Reduzido ou extenso, há sempre um séquito de afeições a acompanhá-lo. Muita vez, contudo, a companheira, o pai e o filho não conseguem mover-se além das zonas inferiores de compreensão, quando o discípulo, pelos nobres esforços despendidos, se equilibra, vitorioso, na parte mais alta do entendimento. Chegados a semelhante situação, muitos trabalhadores aplicados experimentam dificuldades de vulto.

Não sabem separar as alfaias de adorno dos vasos essenciais, as frivolidades dos deveres justos e sofrem dolorosos abalos no coração.

Indispensável se precatem contra esse perigo comum.

Cumpra-se a obrigação sagrada, atenda-se, antes de tudo, ao programa da Vontade Divina, exemplifique-se a fraternidade e a tolerância, acendendo-se a lâmpada do esforço próprio, mas que se não prejudique o serviço divino da ascensão, por receio aos melindres pessoais e às convenções puramente exteriores.

Um lar não vive simplesmente em razão das alfaias que o povoam, transitoriamente, e sim pelos fundamentos espirituais que lhe construíram as bases. Um homem não será superior porque satisfaça a opiniões passageiras, mas sim porque sabe cumprir, em tudo, os desígnios de Deus.

135
Pais

E vós, pais, não provoqueis a ira a vossos filhos, mas criai-os na doutrina e admoestação do Senhor.
Paulo (*Efésios*, 6:4.)

Assumir compromissos na paternidade e na maternidade constitui engrandecimento do espírito, sempre que o homem e a mulher lhes compreendam o caráter divino.

Infelizmente, o planeta ainda apresenta enorme percentagem de criaturas mal-avisadas relativamente a esses sublimes atributos.

Grande número de homens e mulheres procura prazeres envenenados nesse particular. Os que se localizam, contudo, na perseguição à fantasia ruinosa, vivem ainda longe das verdadeiras noções de humanidade e devem ser colocados à margem de qualquer apreciação.

Urge reconhecer, aliás, que o Evangelho não fala aos embriões da espiritualidade, mas às inteligências e corações que já se mostram suscetíveis de receber-lhe o concurso.

Os pais do mundo, admitidos às assembleias de Jesus, precisam compreender a complexidade e grandeza do trabalho que lhes assiste. É natural que se interessem pelo mundo, pelos acontecimentos vulgares, todavia, é imprescindível não perder de vista que o lar é o mundo essencial, onde se deve atender aos desígnios divinos, no tocante aos serviços mais importantes que lhes foram conferidos. Os filhos são as obras preciosas que o Senhor lhes confia às mãos, solicitando-lhes cooperação amorosa e eficiente.

Receber encargos desse teor é alcançar nobres títulos de confiança. Por isso, criar os filhinhos e aperfeiçoá-los não é serviço tão fácil.

A maioria dos pais humanos vivem desviados, através de vários modos, seja nos excessos de ternura ou na demasia de exigência, mas à luz do Evangelho caminharão todos no rumo da era nova, compreendendo que, se para ser pai ou mãe são necessários profundos dotes de amor, à frente dessas qualidades deve brilhar o divino dom do equilíbrio.

136
Filhos

Vós, filhos, sede obedientes a vossos pais, no Senhor, porque isto é justo.
Paulo (*Efésios*, 6:1.)

Se o direito é campo de elevação, aberto a todos os espíritos, o dever é zona de serviço peculiar a todos os seres da Criação.

Não somente os pais humanos estão cercados de obrigações, mas igualmente os filhos, que necessitam vigiar a si mesmos, com singular atenção.

Quase sempre a mocidade sofre de estranhável esquecimento. Estima criar rumos caprichosos, desdenhando sagradas experiências de quem a precedeu, no desdobramento das realizações terrestres, para voltar, mais tarde, em desânimo, ao ponto de partida, quando o sofrimento ou a maturidade dos anos lhe restauram a compreensão.

Os filhos estão marcados por divinos deveres, junto daqueles aos quais foram confiados pelo Supremo Senhor, na senda humana.

É indispensável prestar obediência aos progenitores, dentro do espírito do Cristo, porque semelhante atitude é justa.

Se muitas vezes os pais se furtam à claridade do progresso espiritual, escolhendo o estacionamento em zonas inferiores, nem mesmo nas circunstâncias dessa ordem seria razoável relegá-los ao próprio infortúnio. Claro está que os filhos não devem descer ao sorvedouro da insensatez ou do crime por atender-lhes aos venenosos caprichos, mas encontrarão sempre o recurso adequado para retribuírem aos benfeitores os inestimáveis dons que lhes devem.

Não nos esqueçamos de que o filho descuidado, ocioso ou perverso é o pai inconsciente de amanhã e o homem inferior que não fruirá a felicidade doméstica.

137
Vida conjugal

*Assim também vós, cada um em particular,
ame a sua própria mulher como a si mesmo,
e a mulher reverencie o seu marido.*
Paulo (*Efésios*, 5:33.)

As tragédias da vida conjugal costumam povoar a senda comum. Explicando o desequilíbrio, invoca-se a incompatibilidade dos temperamentos, os desencantos da vida íntima ou as excessivas aflições domésticas.

O marido disputa companhias novas ou entretenimentos prejudiciais, ao passo que, em muitos casos, abre-se a mente feminina ao império das tentações, entrando em falso rumo.

Semelhante situação, porém, será sempre estranhável nos lares formados sobre as escolas da fé, nos círculos do Cristianismo.

Os cônjuges, com o Cristo, acolhem, acima de tudo, as doces exortações da fraternidade.

É possível que os sonhos, muita vez, se desfaçam ao toque de provas salvadoras, dentro dos ninhos afetivos, construídos na árvore da fantasia. Muitos homens e mulheres exigem, por tempo vasto, flores celestes sobre espinhos terrenos, reclamando dos outros atitudes e diretrizes que eles são, por enquanto, incapazes de adotar, e o matrimônio se lhes converte em instituição detestável.

O cristão, contudo, não pode ignorar a transitoriedade das experiências humanas. Com Jesus, é impossível destruir os divinos fundamentos da amizade real. Busque-se o lado útil e santo da tarefa e que a esperança seja a lâmpada acesa no caminho...

Tua esposa mantém-se em nível inferior à tua expectativa? Lembra-te de que ela é mãe de teus filhinhos e serva de tuas necessidades. Teu esposo é ignorante e cruel? Não olvides que ele é o companheiro que Deus te concedeu...

138
Iluminemos o santuário

Pois nós somos um santuário do Deus vivo.
Paulo (*II Coríntios*, 6:16.)

O esforço individual estabelece a necessária diferenciação entre as criaturas, mas a distribuição das oportunidades divinas é sempre a mesma para todos.

Indiscriminadamente, todas as pessoas recebem possibilidades idênticas de crescimento mental e elevação ao campo superior da vida.

Todos somos, pois, consoante a sentença de Paulo, santuários do Deus vivo. Apesar disso, inúmeras pessoas se declaram afastadas da luz eterna, deserdadas da fé. Enquanto dispõem da saúde e do tesouro das possibilidades humanas, fazem anedotário leve e irônico. Ao apagar das luzes terrestres, porém, inabilitados à movimentação no campo da fantasia, revoltam-se contra a Divindade e precipitam-se em abismo de desespero. São companheiros invigilantes que ocuparam o santuário do espírito com material inadequado. Absorvidos pelas preocupações imediatistas da esfera inferior, transformaram esperanças em ambições criminosas, expressões de confiança em fanatismo cego, aspirações do Alto em interesses da zona mais baixa.

Debalde se faz ouvir a palavra delicada e pura do Senhor, no santuário interno, quando a criatura, obcecada pelas ilusões do plano físico, perde a faculdade de escutar. Entre os seus ouvidos e a sublime advertência, erguem-se fronteiras espessas de egoísmo cristalizado e de viciosa aflição. E, pouco a pouco, o filho de Deus encarnado na Terra, de rico de ideais humanos e realizações transitórias, passa à condição de mendigo de luz e paz, na velhice e na morte...

O Senhor continua ensinando e amando, orientando e dirigindo, mas, porque a surdez prossegue sempre, chegam a seu tempo as bombas renovadoras do sofrimento, convidando a mente desviada e obscura à descoberta dos valores que lhe são próprios, reintegrando-a no santuário de si mesma para o reencontro sublime com a Divindade.

139
É a santificação

Santifica-os na verdade.
Jesus (*João*, 17:17.)

Não podemos esquecer que, em se dirigindo ao Pai, nos derradeiros momentos do apostolado, rogou-lhe Jesus santificasse os discípulos que ficariam no plano carnal.

É significativo observar que o Mestre não pediu regalias e facilidades para os continuadores. Não recomendou ao Senhor Supremo situasse os amigos em palácios encantados do prazer, nem os ilhasse em privilégios particularistas. Ao invés disso, suplicou ao Pai para que os santificasse na condição humana.

É compreensível, portanto, que os discípulos sinceros recebam da Providência maior quinhão de elementos purificadores em trabalhos e testemunhos benéficos. Na Terra, quase sempre, o dever e a responsabilidade parecem esmagá-los, no entanto, a palavra do Evangelho é bastante clara no terreno das conquistas eternas.

Não nos referimos a recompensas banais de periferia.

Destacamos o engrandecimento espiritual, a iluminação divina e a perfeição redentora, inacessíveis ainda ao entendimento comum.

Em verdade, o Senhor anunciou sacrifícios e sofrimentos aos seguidores, acentuando, porém, que os não deixaria órfãos.

Seriam convocados a interrogatórios humilhantes, contudo, não lhes faltaria a Sublime Inspiração.

Seguiriam atribulados, mas não angustiados; perseguidos, mas nunca desamparados.

Receberiam golpes e decepções, mas não lhes seriam negados a esperança e o reconforto.

Suportariam a incompreensão humana, todavia, os desígnios superiores agiriam em favor deles.

Sofreriam flagelações no mundo, no entanto, suas dores abasteceriam os celeiros da graça e da consolação para os aflitos.

Muita vez, participariam dos últimos lugares, entre as criaturas terrestres, para serem dos primeiros na cooperação com o Divino Trabalhador.

Seriam detidos nos cárceres, mas disporiam da presença dos anjos sob cânticos de glorificação.

Carregariam cicatrizes por sinais celestes.

Tolerariam sarcasmos em honroso serviço à Verdade.

Perseguidos e torturados, representariam as cartas palpitantes do Cristo à Humanidade.

Servos sofredores e humilhados no campo carnal, marchariam assinalados por luz imperecível.

Escalariam calvários de dor, suportando cruzes, encontrando, porém, a ressurreição, coroados de glória.

Efetivamente, pois, os colaboradores do Evangelho são, de modo geral, anônimos e desprezados nas esferas convencionalistas da Terra; todavia, para eles, repete o Mestre, em todos os tempos, as sublimes palavras: "Sois meus amigos porque tudo quanto ouvi de meu Pai vos dei a conhecer."

140
O capacete

Tomai também o capacete da salvação.
PAULO (*Efésios*, 6:17.)

Se é justa a salvaguarda de membros importantes do corpo, com muito mais propriedade é imprescindível defender a cabeça, nos momentos de luta.

Aliás, é razoável considerar que os braços e as pernas nem sempre são requisitados a maiores dispêndios de energia.

A cabeça, porém, não descansa.

A sede do pensamento é um viveiro de trabalho incessante.

Necessário se faz resguardá-la, defendê-la.

Nos movimentos bélicos, o soldado preserva-a, através de recursos especiais.

Na luta diária mantida pelo discípulo de Jesus, igualmente não podemos esquecer o conselho do apóstolo aos gentios.

É indispensável que todo aprendiz do Evangelho tome o capacete da salvação, simbolizado na cobertura mental de ideias sólidas e atitudes cristãs, estruturadas nas concepções do bem, da confiança e do otimismo sincero.

Teçamos, pois, o nosso capacete espiritual com os fios da coragem inquebrantável, da fé pura e do espírito de serviço. De posse dele enfrentaremos qualquer combate moral de grandes proporções.

Nenhum discípulo da Boa-Nova olvide a sua condição de lutador.

As forças contrárias ao bem, meu amigo, alvejar-te-ão o mundo íntimo, através de todos os flancos. Defende a tua moradia interior. Examina o revestimento defensivo que vens usando, em matéria de desejos e crenças, de propósitos e ideais, para que os projetis da maldade não te alcancem por dentro.

141
O escudo

Embraçando, sobretudo, o escudo da fé, com o qual podereis apagar todos os dardos inflamados do maligno.
PAULO (*Efésios*, 6:16.)

Ninguém se decide à luta sem aparelhamento necessário.

Não nos referimos aqui aos choques sanguinolentos.

Tomemos, para exemplificar, as realizações econômicas. Quem garantirá êxito à produção, sem articular elementos básicos, imprescindíveis à indústria? A agricultura requisita instrumentos do campo, a fábrica pede maquinaria adequada.

Na batalha de cada um, é também indispensável a preparação de sentimentos. Requere-se intenso trabalho de semeadura, de cuidado, esforço próprio e disciplina.

Paulo de Tarso, que conheceu tão profundamente os assédios do mal, que lhe suportou as investidas permanentes, dentro e fora dele mesmo, recomendou usemos o escudo da fé, acima de todos os elementos da defensiva.

Somente a confiança no Poder Maior, na Justiça Vitoriosa, na Sabedoria Divina consegue anular os dardos invisíveis, inflamados no veneno que intoxica os corações. Todo trabalhador sincero do Cristo movimenta-se na frente de longa e porfiada luta na Terra. Golpes da sombra e estiletes da incompreensão cercam-no em todos os lugares. E, se a bondade conforta e a esperança ameniza, é imprescindível não esquecer que só a fé representa escudo bastante forte para conservar o coração imune das trevas.

142
Tribulações

Também nos gloriamos nas tribulações.
PAULO (*Romanos*, 5:3.)

Comentando Paulo de Tarso os favores recebidos do Plano Superior, com muita propriedade não se esquecia de acrescentar o seu júbilo nas tribulações.

O Cristianismo está repleto de ensinamentos sublimes para todos os tempos.

Muitos aprendizes não lembram o apóstolo da gentilidade senão em seu encontro divino com o Messias, às portas de Damasco, fixando-lhe a transformação sob o hálito renovador de Jesus, e muitos companheiros se lhe dirigem ao coração, mentalizando-lhe a coroa de espírito redimido e de trabalhador glorificado na casa do Pai Celestial.

A palavra do grande operário do Cristo, entretanto, não deixa margem a qualquer dúvida, quanto ao preço que lhe custou a redenção.

Muita vez, reporta-se às dilacerações do caminho, salientando as estações educativas e restauradoras, entre o primeiro clarão da fé e o supremo testemunho. Depois da bênção consoladora que lhe reforma a vida, ei-lo entre açoites, desesperanças e pedradas. Entre a graça de Jesus que lhe fora ao encontro e o esforço que lhe competia efetuar, por reencontrá-lo, são indispensáveis anos pesados de serviço áspero e contínua renunciação.

Reparemos em nós mesmos, à frente da luz evangélica.

Nem todos renascem na Terra, com tarefas definidas na autoridade, na eminência social ou no governo do mundo, mas podemos asseverar que todos os discípulos, em qualquer situação ou circunstância, podem dispor de força, posição e controle de si próprios.

Recordemos que a tribulação produz fortaleza e paciência e, em verdade, ninguém encontra o tesouro da experiência no pântano da ociosidade. É necessário acordar com o dia, seguindo-lhe o curso brilhante de serviço, nas oportunidades de trabalho que ele nos descortina.

A existência terrestre é passagem para a luz eterna. E prosseguir com o Cristo é acompanhar-lhe as pegadas, evitando o desvio insidioso.

No exame, pois, das considerações paulinas, não olvidemos que se Jesus veio até nós, cabe-nos marchar desassombradamente ao encontro d'Ele, compreendendo que, para isso, o grande serviço de preparação há de ser começado na maravilhosa e desconhecida "terra de nós mesmos".

# 143
Cartas espirituais

E, quando esta epístola tiver sido lida entre vós, fazei que também o seja na igreja dos laodicenses, e a que veio de Laodiceia lede-a vós também.
Paulo (*Colossenses*, 4:16.)

O correio do céu nunca se interrompeu.

Desde que a inteligência humana se colocou em condições de receber a vibração dos planos mais altos, não cessou o Pai de enviar-lhe apelos, através de todos os recursos.

Em razão disso, a inspiração edificante nunca faltou às criaturas. E, na atualidade, com a intensificação do intercâmbio entre os círculos visíveis e invisíveis, à face do Espiritismo evangélico que restaura no mundo o Cristianismo, na sua pureza essencial, as cartas espirituais são mais diretas, mais tangíveis.

Grande parte dos estudantes, contudo, seguindo a velha corrente do indiferentismo, em reparando essa ou aquela página edificadora, procura avidamente os nomes daqueles a quem são dirigidas.

Se há conselhos sábios, devem ser para os outros; se surgem advertências amigas ou severos apelos, devem ser igualmente para os outros. E compacta assembleia de companheiros demonstra singular ansiedade para receber mensagens particularistas, com apontamentos individuais. Para prevenir tais extremos, recomendava Paulo que as epístolas dedicadas a determinada igreja fossem lidas e comentadas em diferentes santuários para a necessária fusão e dilatação dos conhecimentos elevados.

As cartas espirituais de hoje devem observar idêntico processo. Somos compelidos a reconhecer que todos somos, individualmente, portadores dum templo interno. Saibamos extinguir as solicitações egoísticas e busquemos em cada mensagem do Plano Superior a consolação, o remédio, o conselho ou a advertência de que carecemos.

Quando soubermos compreender as pequeninas experiências de cada dia com a luz do Evangelho, concluiremos que todas as epístolas do bem procedem de Deus para a comunidade geral de seus filhos.

144
Em meio de lobos

Ide! eis que vos mando como cordeiros ao meio de lobos.
JESUS (*Lucas*, 10:3.)

Naturalmente Jesus, em pronunciando semelhante recomendação, reportava-se a cordeiros fortes que conseguissem respirar em plano superior aos lobos vorazes.

Seria razoável enviar ovelhas frágeis a bestas violentas? Seria o mesmo que ajudar a carnificina.

O Mestre, indubitavelmente, desejava as qualidades de ternura e magnanimidade dos continuadores, mas não lhes endossaria as vacilações e fraquezas.

Aliás, para serviço de tal envergadura, desdobrado em verdadeiras batalhas espirituais, ele necessitava de cooperadores fiéis, bondosos, prudentes, mas valorosos. Enviava os discípulos ao centro de conflito áspero, não no gesto de quem remete carneiros ao matadouro, e sim à gleba de serviço, onde pudessem semear novos e sublimados dons espirituais, entre os lobos famintos, através da exemplificação no bem incessante.

Entretanto, há companheiros, ainda hoje, que se acreditam colaboradores do Cristo apenas porque levantam aos céus as mãos-postas, em atitude suplicante. Esquecem-se de que Jesus afirmou, peremptório: "Ide! eis que vos mando! [...]"

Em tal determinação, vemos claramente que existem trabalhos a efetuar, ações beneméritas a instituir.

O mundo é o campo, onde o trabalhador encontrará a sua cota de colaboração.

É preciso realmente ir aos lobos. Seria perigoso esperá-los. Muitos lidadores, porém, reclamam contra a cruz e o martírio, olvidando que o Senhor e seus corajosos sucessores neles encontraram a ressurreição e a eternidade através da resistência construtiva contra o mal.

Se os madeiros e leões retornassem, deveriam encontrar o trabalhador no esforço que lhe compete e nunca em atitude de inércia, à distância do ministério que lhe foi confiado.

O apelo do Cristo ressoa, ainda agora...

É imprescindível caminhar na direção dos lobos, não na condição de fera contra fera, mas na posição de cordeiros-embaixadores; não por emissários da morte, mas por doadores da vida eterna.

145
Demonstrações

E saíram os fariseus e começaram a disputar com ele, pedindo-lhe, para o tentarem, um sinal do Céu.
(Marcos, 8:11.)

No Espiritismo cristão, de quando em quando aparecem aprendizes do Evangelho sumamente interessados em atender a certas requisições, no capítulo da fenomenologia psíquica.

Exigem sinais do Céu, tangíveis, incontestáveis.

Na maioria das vezes, porém, a movimentação não passa de simples repetição do gesto dos fariseus antigos.

Médiuns e companheiros outros, em grande número, não se precatam de que os pedidos de demonstrações celestes são formulados, quase que invariavelmente, em obediência a propósitos inferiores.

Há ilações lógicas no assunto, que importa não desprezarmos. Se um espírito permanece encarnado na Terra, como poderá fornecer sinais de Júpiter? Se as solicitações dessa natureza, endereçadas ao próprio

Cristo, foram situadas no âmbito das tentações, com que argumento poderão impô-las os discípulos novos aos seus amigos do Invisível?

Ao invés disso, aliás, os aprendizes fiéis devem estar preparados para o trabalho demonstrativo de Jesus, na Terra.

É óbvio que o cristão não possa provocar uma tela mágica sobre as nuvens errantes, mas pode revelar como se exerce o ministério da fraternidade no mundo. Não poderá desdobrar a paisagem total onde se movimentam as criaturas desencarnadas, em outros campos vibratórios; entretanto, está habilitado a prestar colaboração intensiva no esclarecimento dos homens do presente e do futuro.

Quem reclama sinais do Céu será talvez ignorante ou portador de má-fé; contudo, o seguidor da Boa-Nova que procura satisfazer o insensato é distraído ou louco.

Se te requisitam demonstrações exóticas, replica, resoluto, que não foste designado para a produção de maravilhas e esclarece a teu irmão que permaneces determinado a aprender com o Mestre a ciência da Vida Abundante, a fim de ofereceres à Terra o teu sinal de amor e luz, inquebrantável na fé, para não sucumbir às tentações.

146
Quem segue

*E outra vez lhes falou Jesus, dizendo: Eu sou
a luz do mundo; quem me segue não andará
em trevas, mas terá a luz da vida.*
(João, 8:12.)

Há crentes que se não esquivam às imposições do culto exterior.

Reclamam a genuflexão e o púlpito trovejante, de momento a momento.

Preferem outros o comentário leviano, acerca das atividades gerais da fé religiosa, confiando-se a querelas inúteis ou barateando os recursos divinos.

A multidão dos seguidores, desse tipo, costuma declarar que as atitudes externas e as discussões doentias representam para ela sacrossanto dever; contudo, tão logo surgem inesperados golpes do sofrimento ou da experiência na estrada vulgar, precipita-se em sombrio desespero, recolhendo-se em abismos sem esperança.

Nessas horas cinzentas, os aprendizes sentem-se abandonados e oprimidos, mostrando a insuficiência interna. Muitos se fazem relaxados nas obrigações, afirmando-se desprotegidos de Jesus ou esquecidos do Céu.

Isso ocorre, porém, porque não ouviram a revelação divina, qual se faz necessário.

O Mestre não prometeu claridade à senda dos que apenas falam e creem. Assinou, no entanto, real compromisso de assistência contínua aos discípulos que o seguem. Nesse passo, é importante considerar que Jesus não se reporta a lâmpadas de natureza física, cujas irradiações ferem os olhos orgânicos. Assegurou a doação de luz da vida. Quem efetivamente se dispõe a acompanhá-lo, não encontrará tempo a gastar com exames particularizados de nuvens negras e espessas, porque sentirá a claridade eterna, dentro de si mesmo.

Quando fizeres, pois, o costumeiro balanço de tua fé, repara, com honestidade imparcial, se estás falando apenas do Cristo ou se procuras seguir-lhe os passos, no caminho comum.

147
Nos corações

Recebei-nos em vossos corações.
PAULO (*II Coríntios*, 7:2.)

Os crentes e trabalhadores do Evangelho usam diversos meios para lhe fixarem as vantagens, mas raros lhe abrem as portas da vida.

As palavras de Paulo, de Pedro, de Mateus ou de João são comumente utilizadas em longos e porfiados duelos verbais, através de contendas inúteis, incapazes de produzir qualquer ação nobre. Recebem outros as advertências e luzes evangélicas, à maneira de negociantes ambiciosos, buscando convertê-las em fontes econômicas de grande vulto. Ainda outros procuram os avisos divinos, fazendo valer princípios egolátricos, em polêmicas laboriosas e infecundas.

No imenso conflito das interpretações dever-se-ia, porém, acatar o pedido de Paulo de Tarso em sua *Segunda epístola aos coríntios*.

O apóstolo da gentilidade roga para que ele e seus companheiros de ministério sejam recebidos nos corações.

Muito diversa surgirá a comunidade cristã, se os discípulos atenderem à solicitação.

Quando o aprendiz da Boa-Nova receber a visita de Jesus e dos emissários divinos, no plano interno, então a discórdia e o sectarismo terão desaparecido do continente sublime da fé.

Em razão disso, meu amigo, ainda que a maioria dos irmãos de ideal conserve cerrada a porta íntima, faze o possível por não adiar a tranquilidade própria.

Regista[7] a lição do Evangelho no ádito do ser. Não te descuides, relegando-a ao mundo externo, ao sabor da maledicência, da perturbação e do desentendimento. Abriga-a, dentro de ti, preservando a própria felicidade. Orna-te com o brilho que decorre de sua grandeza e o Céu comunicar-se-á com a Terra, através de teu coração.

---

[7] N.E.: Ver nota no capítulo 8.

148
Membros divinos

Ora vós sois corpo do Cristo e seus membros em particular.
Paulo (*I Coríntios*, 12:27.)

Não é admissível que alguém entregue o espírito à direção do Cristo e a veste corporal aos adversários da Luz Divina.

Muitos crentes transviados realizam estações de prazer, nos continentes do crime, e exclamam, inconscientes:

– "Hoje, meu corpo atende a fatalidades do mundo, mas, amanhã, estarei na igreja com Jesus."

Outros, depois de confiarem a mocidade à tutela do vício, aguardam a decrepitude, a fim de examinarem os magnos problemas espirituais.

Existem, igualmente, os que flagelam a carne, através de mortificações descabidas, supondo cooperar no aprimoramento da alma, empregando, para isso, tão somente alguns fenômenos de epiderme.

Todos os aprendizes dessa classe desconhecem que a vida em Cristo é equilíbrio justo, encarnando-lhe os sentimentos e os desígnios, em todas as linhas do serviço terrestre. Paulo de Tarso assevera que somos os membros do Mestre, "em particular".

Onde estivermos, atendamos ao impositivo de nossas tarefas, convencidos de que nossas mãos substituem as do Celeste Trabalhador, embora em condição precária.

O Senhor age em nós, a favor de nós.

É indiscutível que Jesus pode tudo, mas, para fazer tudo, não prescinde da colaboração do homem que lhe procura as determinações. Os cooperadores fiéis do Evangelho são o corpo de trabalho em sua obra redentora.

Haja, pois, entre o servo e o orientador legítimo entendimento.

Jesus reclama instrumentos e companheiros. Quem puder satisfazer ao imperativo sublime, recorde que deve comparecer diante d'Ele, demonstrando harmonia de vistas e objetivos, em primeiro lugar.

149
Escamas

*E logo lhe caíram dos olhos como que
umas escamas, e recuperou a vista.*
(*Atos*, 9:18.)

A visita de Ananias a Paulo de Tarso, na aflitiva situação de Damasco, sugere elevadas considerações.

Que temos sido nas sombras do pretérito senão criaturas recobertas de escamas pesadas sob todos os pontos de vista? Não somente os olhos se cobriram de semelhantes excrescências. Todas as possibilidades confiadas a nós outros hão sido eclipsadas pela nossa incúria, através dos séculos. Mãos, pés, língua, ouvidos, todos os poderes da criatura, desde milênios permanecem sob o venenoso revestimento da preguiça, do egoísmo, do orgulho, da idolatria e da insensatez.

O socorro concedido a Paulo de Tarso oferece, porém, ensinamento profundo. Antes de recebê-lo, o ex-perseguidor rende-se incondicionalmente ao Cristo; penetra a cidade, em obediência à recomendação divina, derrotado e sozinho, revelando extrema renúncia, onde fora aplaudido triunfador. Acolhido em hospedaria singela, abandonado de todos os companheiros, confiou em Jesus e recebeu-lhe a sublime cooperação.

É importante notar, contudo, que o Senhor, utilizando a instrumentalidade de Ananias, não lhe cura senão os olhos, restituindo-lhe o dom de ver. Paulo sente que lhe caem escamas dos órgãos visuais e, desde então, oferecendo-se ao trabalho do Cristo, entra no caminho do sacrifício, a fim de extrair, por si mesmo, as demais escamas que lhe obscureciam as outras zonas do ser.

Quanto lutou e sofreu Paulo, a fim de purificar os pés, as mãos, a mente e o coração?

Trata-se de pergunta digna de ser meditada em todos os tempos. Não te esqueças, pois, de que na luta diária poderás encontrar os Ananias da fraternidade, em nome do Mestre; aproximar-se-ão, compassivos, de tuas necessidades, mas não olvides que o Senhor apenas permite que te devolvam os olhos, a fim de que, vendo claramente, retifiques a vida por ti mesmo.

150
Dívida de amor

Portanto, dai a cada um o que deveis; a quem tributo, tributo; a quem imposto, imposto; a quem temor, temor; a quem honra, honra.
Paulo (*Romanos*, 13:7.)

Todos nós guardamos a dívida geral de amor uns para com os outros, mas esse amor e esse débito se subdividem, através de inúmeras manifestações.

A cada ser, a cada coisa, paisagem, circunstância e situação, devemos algo de amor em expressão diferente.

A criatura que desconhece semelhante impositivo não encontrou ainda a verdadeira noção de equilíbrio espiritual.

Valiosas oportunidades iluminativas são relegadas, pelas almas invigilantes, à obscuridade e à perturbação.

Que prodigioso Éden seria a Terra se cada homem concedesse ao próximo o que lhe deve por justiça!

O homem comum, todavia, gravitando em torno do próprio "eu", em clima de egoísmo feroz, cerra os olhos às necessidades dos outros. Esquece-se de que respira no oxigênio do mundo, que se alimenta do mundo e dele recebe o material imprescindível ao aperfeiçoamento e à redenção. A qualquer exigência do campo externo, agasta-se e irrita-se, acreditando-se o credor de todos.

Muitos sabem receber, raros sabem dar.

Por que esquivar-se alguém aos petitórios do fragmento de terra que nos acolhe o espírito? por que negar respeito ao que comanda, ou atenção ao que necessita?

Resgata os títulos de amor que te prendem a todos os seres e coisas do caminho.

Quanto maior a compreensão de um homem, mais alto é o débito dele para com a Humanidade; quanto mais sábio, mais rico para satisfazer aos impositivos de cooperação no progresso universal.

Não te iludas. Deves sempre alguma coisa ao companheiro de luta, tanto quanto à estrada que pisas despreocupadamente. E quando resgatares as tuas obrigações, caminharás na Terra recebendo o amor e a recompensa de todos.

151
Ressuscitará

Disse-lhe Jesus: Teu irmão há de ressuscitar.
(João, 11:23.)

Há muitos séculos, as escolas religiosas do Cristianismo revestiram o fenômeno da morte de paisagens deprimentes.

Padres que assumem atitudes hieráticas, ministros que comentam as flagelações do inferno, catafalcos negros e panos de luto.

Que poderia criar tudo isso senão o pavor instintivo e o constrangimento obrigatório?

Ninguém nega o sofrimento da separação, espírito algum se furtará ao plantio da saudade no jardim interior. O próprio Cristo emocionou-se junto ao sepulcro de Lázaro. Entretanto, a comoção do Celeste Amigo edificava-se na esperança, acordando a fé viva nos companheiros que o ouviam. A promessa d'Ele, ao carinho fraternal de Marta, é bastante significativa.

"Teu irmão há de ressuscitar" – asseverou o Mestre.

Daí a instantes, Lázaro era restituído à experiência terrestre, surpreendendo os observadores do inesperado acontecimento.

Gesto que se transformou em vigoroso símbolo, sabemos hoje que o Senhor nos reergue, em toda parte, nas esferas variadas da vida. Há ressurreição vitoriosa e sublime nas zonas carnais e nos círculos diferentes que se dilatam ao infinito.

O espírito mais ensombrado no sepulcro do mal e o coração mais duro são arrancados das trevas psíquicas para a luz da vida eterna.

O Senhor não se sensibilizou tão somente por Lázaro. Amigo Divino, a sua mão carinhosa se estende a nós todos.

Reponhamos a morte em seu lugar de processo renovador e enchei-vos de confiança no futuro, multiplicando as sementeiras de afeições e serviços santificantes.

Quando perderdes temporariamente a companhia direta de um ente amado, recordai as palavras do Cristo; aquela reduzida família de Betânia é a miniatura da imensa família da Humanidade.

152
Cuidados

*Não vos inquieteis, pois, pelo dia de amanhã,
porque o dia de amanhã cuidará de si mesmo.*
Jesus (*Mateus*, 6:34.)

Os preguiçosos de todos os tempos nunca perderam o ensejo de interpretar falsamente as afirmativas evangélicas.

A recomendação de Jesus, referente à inquietude, é daquelas que mais se prestaram aos argumentos dos discutidores ociosos.

Depois de reportar-se o Cristo aos lírios do campo, não foram poucos os que reconheceram a si mesmos na condição de flores, quando não passam, ainda, de plantas espinhosas.

Decididamente, o lírio não fia, nem tece, consoante o ensinamento do Senhor, mas cumpre a vontade de Deus. Não solicita a admiração alheia, floresce no jardim ou na terra inculta, dá seu perfume ao vento que passa, enfeita a alegria ou conforta a tristeza, é útil à doença e à saúde, não se revolta quando fenece o brilho que lhe é próprio ou quando mãos egoístas o separam do berço em que nasceu.

Aceitaria o homem inerte o padrão do lírio, em relação à existência na comunidade?

Recomendou Jesus não guarde a alma qualquer ânsia nociva, relativamente à comida, ao vestuário ou às questões acessórias do campo material; asseverou que o dia, constituindo a resultante de leis gerais do Universo, atenderia a si próprio.

Para o discípulo fiel, agasalhar-se e alimentar-se são verbos de fácil conjugação e o dia representa oportunidade sublime de colaboração na obra do bem. Mas basear-se nessas realidades simples para afirmar que o homem deva marchar, sem cuidado consigo, seria menoscabar o esforço do Cristo, convertendo-lhe a plataforma salvadora em campanha de irresponsabilidade.

O homem não pode nutrir a pretensão de retificar o mundo ou os seus semelhantes dum dia para outro, atormentando-se em aflições descabidas, mas deve ter cuidado de si, melhorando-se, educando-se e iluminando-se, sempre mais.

Realmente, a ave canta, feliz, mas edifica a própria casa.

A flor adorna-se, tranquila; entretanto, obedece aos desígnios do Eterno.

O homem deve viver confiante, sempre atento, todavia, em engrandecer-se na sabedoria e no amor para a obra divina da perfeição.

153
Contristação

Agora folgo, não porque fostes contristados, mas porque fostes contristados para o arrependimento; pois fostes contristados segundo Deus.
Paulo (*II Coríntios*, 7:9.)

Quanta vez se agitam famílias, agrupamentos ou coletividades para que a tormenta lhes não alcance o ambiente comum? quantas vezes a criatura contempla o céu, em súplica, para que a dor lhe não visite a senda ou para que a adversidade fuja, ao encalço de outros rumos? Entretanto, a realidade chega sempre, inevitável e inflexível.

No turbilhão de sombras da contristação, o homem, não raro, se sente vencido e abandonado.

Todavia, o que parece infortúnio ou derrota pode representar providências salvadoras do Todo-Compassivo.

Em muitas ocasiões, quando as criaturas terrestres choram, seus amigos da Esfera Superior se alegram, à maneira dos pomicultores que descansam, tranquilos, depois do campo bem podado.

Lágrimas, nos lares da carne, frequentemente expressam júbilos de lares celestiais. Os orientadores divinos, porém, não folgam porque os seus tutelados sejam detentores de padecimentos, mas justamente porque semelhante situação indica possibilidades renovadoras no trabalho de aperfeiçoamento.

Todo campo deve conhecer o tempo de ceifa ou de limpeza necessárias.

Quando estiverdes contristados, à face de faltas que cometestes impensadamente, é razoável sofrais a passagem das nuvens pesadas e negras que amontoastes sobre o coração; contudo, quando a prova e a luta vos surpreenderem a casa ou o espírito, em circunstâncias que independem de vossa vontade, então é chegada a hora da contristação segundo Deus, a qual vos eleva espiritualmente e que, por isso mesmo, provoca a alegria dos anjos que velam por vós.

154
Por que desdenhas?

Examinai tudo. Retende o bem.
PAULO (*I Tessalonicenses*, 5:21.)

O cristão não deve perder o bom ânimo por mais inquietantes se apresentem as perplexidades do caminho. Não somente no que diz respeito à dor, mas também no que se reporta a costumes, acontecimentos, mudanças, perturbações...

Há companheiros excessivamente preocupados com a extensão dos erros alheios, sem se precatarem contra as próprias faltas. Assinalam casas suspeitas, fogem ao movimento social, malsinam fatos ou reprovam pessoas, antes de qualquer exame sério das situações. E nesse complexo emocional que os distancia da realidade, dilatam desentendimentos com pretensas atitudes de salvadores improvisados, que apenas acentuam a esterilidade do fanatismo.

Longe de prestarem benefícios reais, constituem material neutralizante do movimento renovador.

O Evangelho do Cristo, contudo, não instituiu cubículos de isolamento; procura estabelecer, aliás, fontes de Vida Abundante, em toda parte.

Examinar com imparcialidade é buscar esclarecimento.

Por que a condenação apressada ou a crítica destrutiva? Quando Paulo dirigiu a célebre recomendação aos tessalonicenses não se reportava apenas a livros e ciências da Terra. Referia-se a tudo, incluindo os próprios impulsos da opinião popular, com alusão aos fenômenos máximos e mínimos do caminho vulgar.

Em todas as ocorrências dos povos e das personalidades, em todos os fatos e realizações humanas, o aprendiz fiel da Boa-Nova deve analisar tudo e reter o bem.

Por que te afastares do trabalho e da luta em comum? Por que desencorajar os que cooperam na lide purificadora com o teu impensado desdém? Se te sentes unido ao Cristo, lembra-te de que o Senhor a ninguém abandona, nem mesmo os seres aparentemente venenosos do chão.

155
Tranquilidade

Tenho-vos dito estas coisas, para que em mim tenhais paz.
JESUS (*João*, 16:33.)

A palavra do Cristo está sempre fundamentada no espírito de serviço, a fim de que os discípulos não se enganem no capítulo da tranquilidade.

De maneira geral, os aprendizes do Evangelho aguardam a paz, onde a calma reinante nada significa além de estacionamento por vezes delituoso. No conceito da maioria, a segurança reside em garantia financeira, em relações prestigiosas no mundo, em salários astronômicos. Isso, no entanto, é secundário. Tempestades da noite costumam sanear a atmosfera do dia, angústias da morte renovam a visão falsa da experiência terrestre.

Vale mais permanecer em dia com a luta que guardar-se alguém no descanso provisório e encontrá-la, amanhã, com a dolorosa surpresa de quem vive defrontado por fantasmas.

A Terra é escola de trabalho incessante.

Obstáculos e sofrimentos são orientadores da criatura.

É indispensável, portanto, renovar-se a concepção da paz, na mente do homem, para ajustá-lo à missão que foi chamado a cumprir na obra divina, em favor de si mesmo.

Conservar a paz, em Cristo, não é deter a paz do mundo. É encontrar o tesouro eterno de bênçãos nas obrigações de cada dia. Não é fugir ao serviço; é aceitá-lo onde, como e quando determine a vontade d'Aquele que prossegue em ação redentora, junto de nós, em toda a Terra.

Muitos homens costumam buscar a tranquilidade dos cadáveres, mas o discípulo fiel sabe que possui deveres a cumprir em todos os instantes da existência. Alcançando semelhante zona de compreensão, conhece o segredo da paz em Jesus, com o máximo de lutas na Terra. Para ele continuam batalhas, atritos, trabalhos e testemunhos no planeta, entretanto, nenhuma situação externa lhe modifica a serenidade interior, porque atingiu o luminoso caminho da tranquilidade fundamental.

156
O vaso

*Que cada um de vós saiba possuir o seu
vaso em santificação e honra.*
PAULO (*I Tessalonicenses*, 4:4.)

A recomendação de Paulo de Tarso aos tessalonicenses ainda se reveste de plena atualidade.

O vaso da criatura é o corpo que lhe foi confiado. O homem comum, em sua falsa visão do caminho evolutivo, inadvertidamente procura saturá-lo de enfermidade, lama e sombras e, em toda parte, observam-se consequências funestas de semelhantes desvios.

Aqui, aparecem abusos da alimentação; além, surgem excessos inconfessáveis. Existências numerosas esbarram no túmulo, à maneira de veículos preciosos atropelados ou esmagados pela imprevidência.

Entretanto, não faltam recursos da Bondade Divina para que o patrimônio se mantenha íntegro, nas mãos do beneficiário que é a nossa alma imortal.

A higiene, a temperança, a medicina preventiva, a disciplina jamais deverão ser esquecidas.

O Pai Compassivo não se despreocupa das necessidades dos filhos, mas sim os próprios filhos é que menoscabam os valores que a Sabedoria Infinita lhes empresta por amor. Alguns superlotam o vaso sagrado com bebidas tóxicas e estonteantes, transformam-no outros em máquina da gula carniceira, quando o não despedaçam nos choques do prazer delituoso.

Em obedecer aos impositivos de equilíbrio, na Lei Divina, reside a magnífica prova para todos os filhos da inteligência e da razão. Raros saem dela integralmente vitoriosos. A maioria espera milagres para exonerar-se dos compromissos assumidos, olvidando que o problema do resgate e do reajustamento compete a cada um.

O melhor pai terrestre não conseguirá preservar o vaso dos filhos, senão transmitindo-lhes as diretrizes do reto proceder. Fora, pois, da lição da palavra e do exemplo, é imprescindível reconhecer que cada criatura deve saber possuir o próprio vaso em santificação e honra para Deus.

157
O remédio salutar

*Confessai as vossas culpas uns aos outros, e
orai uns pelos outros para que sareis.*
(*Tiago*, 5:16.)

A doença sempre constitui fantasma temível no campo humano, qual se a carne fosse tocada de maldição; entretanto, podemos afiançar que o número de enfermidades, essencialmente orgânicas, sem interferências psíquicas, é positivamente diminuto.

A maioria das moléstias procede da alma, das profundezas do ser. Não nos reportando à imensa caudal de provas expiatórias que invade inúmeras existências, em suas expressões fisiológicas, referimo-nos tão somente às moléstias que surgem, de inesperado, com raízes no coração.

Quantas enfermidades pomposamente batizadas pela ciência médica não passam de estados vibratórios da mente em desequilíbrio?

Qualquer desarmonia interior atacará naturalmente o organismo em sua zona vulnerável. Um experimentar-lhe-á os efeitos no fígado, outro, nos rins e, ainda outro, no próprio sangue.

Em tese, todas as manifestações mórbidas se reduzem a desequilíbrio, desequilíbrio esse cuja causa repousa no mundo mental.

O grande apóstolo do Cristianismo nascente foi médico sábio, quando aconselhou a aproximação recíproca e a assistência mútua como remédios salutares. O ofensor que revela as próprias culpas, ante o ofendido, lança fora detritos psíquicos, aliviando o plano interno; quando oramos uns pelos outros, nossas mentes se unem, no círculo da intercessão espiritual, e, embora não se verifique o registo[8] imediato em nossa consciência comum, há conversações silenciosas pelo "sem fio" do pensamento.

A cura jamais chegará sem o reajustamento íntimo necessário, e quem deseje melhoras positivas, na senda de elevação, aplique o conselho de Tiago; nele, possuímos remédio salutar para que saremos na qualidade de enfermos encarnados ou desencarnados.

---

[8] N.E.: Ver nota no capítulo 8.

158
Transformação

Na verdade, nem todos dormiremos, mas todos seremos transformados.
Paulo (*I Coríntios*, 15:51.)

Refere-se o Apóstolo dos Gentios a uma das mais belas realidades da vida espiritual.

Nos problemas da morte, as escolas cristãs, trabalhadas pelas cogitações teológicas de todos os tempos, erigiram teorias diversas, definindo a situação da criatura, após o desprendimento carnal. É justo que semelhante situação seja a mais diversificada possível. Ninguém penetra o círculo da vida terrena em processo absolutamente uniforme, como não existem fenômenos de desencarnação com analogia integral. Cada alma possui a sua porta de "entrada" e "saída", conforme as conquistas próprias.

Fala-se demasiadamente em zonas purgatoriais, em trevas exteriores, em regiões de sono psíquico.

Tudo isso efetivamente existe em plano grandioso e sublime que, por enquanto, transcende o limitado entendimento humano.

Todos os que se abeberam nas fontes puras da verdade, com o Cristo, devem guardar sempre o otimismo e a confiança.

"Nem todos dormiremos" – diz Paulo. Isto significa que nem todas as criaturas caminharão às tontas, nas regiões mentais da semi-inconsciência, nem todas serão arrebatadas a esferas purgatoriais e, ainda que tais ocorrências sucedessem, ouçamos, ainda, o abnegado amigo do Evangelho, quando nos assevera – "mas todos seremos transformados".

Paulo não promete sofrimento inesgotável nem repouso sem-fim. Promete transformação.

Ninguém parte ao chamado da Vida Eterna senão para transformar-se.

Morte do corpo é crescimento espiritual.

O túmulo numa esfera é berço em outra.

E, como a função da vida é renovar para a perfeição, transformemo-nos para o bem, desde hoje.

159
Brilhar

Assim resplandeça a vossa luz diante dos homens, para que vejam as vossas boas obras e glorifiquem o vosso Pai que está nos Céus.
JESUS (*Mateus*, 5:16.)

Admitem muitos aprendizes que brilhar será adquirir destacada posição em serviços de inteligência, no campo da fé.

Realmente, excluir a cultura espiritual, em seus diversos ângulos, da posição luminosa a que todos devemos aspirar, seria rematada insensatez.

Aprender sempre para melhor conhecer e servir é a destinação de quem se consagra fielmente ao Mestre Divino.

Urge, no entanto, compreender, no imediatismo da experiência humana, que, se o Salvador recomendou aos discípulos brilhassem, à frente dos homens, não se esqueceu de acrescentar que essa claridade deveria resplandecer, de tal maneira, que eles nos vejam as boas obras, rendendo graças ao Pai, em forma de alegria com a nossa presença.

Ninguém se iluda com os fogos-fátuos do intelectualismo artificioso.

Ensinemos o caminho da redenção, tracemos programas salvadores onde estivermos; brilhe a luz do Evangelho em nossa boca ou em nossa frase escrita, mas permaneçamos convencidos de que, se esses clarões não descortinam as nossas boas obras, seremos invariavelmente recebidos no ouvido alheio e no alheio entendimento, entre a expectação e a desconfiança, porque somente em fundindo pensamento, verbo e ação, no ensinamento do Cristo Jesus, haverá em torno de nós glorificação construtiva ao Nosso Pai que está nos Céus.

160
Filhos da luz

Andai como filhos da luz.
PAULO (*Efésios*, 5:8.)

Cada criatura dá sempre notícias da própria origem espiritual.

Os atos, palavras e pensamentos constituem informações vivas da zona mental de que procedemos.

Os filhos da inquietude costumam abafar quem os ouve, em mantos escuros de aflição.

Os rebentos da tristeza espalham o nevoeiro do desânimo.

Os cultivadores da irritação fulminam o espírito da gentileza com os raios da cólera.

Os portadores de interesses mesquinhos ensombram a estrada em que transitam, estabelecendo escuro clima nas mentes alheias.

Os corações endurecidos geram nuvens de desconfiança, por onde passam.

Os afeiçoados à calúnia e à maledicência distribuem venenosos quinhões de trevas com que se improvisam grandes males e grandes crimes.

Os cristãos, todavia, são filhos da luz.

E a missão da luz é uniforme e insofismável.

Beneficia a todos sem distinção.

Não formula exigências para dar.

Afasta as sombras sem alarde.

Espalha alegria e revelação crescentes.

Semeia renovadas esperanças.

Esclarece, ensina, ampara e irradia-se.

161
Cristãos

Se a vossa justiça não exceder a dos escribas e fariseus, de modo algum entrareis no Reino dos Céus.
Jesus (*Mateus*, 5:20.)

Os escribas e fariseus não eram criminosos, nem inimigos da Humanidade.

Cumpriam deveres públicos e privados.

Respeitavam as leis estabelecidas.

Reverenciavam a Revelação Divina.

Atendiam aos preceitos da fé.

Jejuavam.

Pagavam impostos.

Não exploravam o povo.

Naturalmente, em casa, deviam ser excelentes mordomos do conforto familiar.

Entretanto, para o Emissário Celeste a justiça deles deixava a desejar.

Adoravam o Eterno Pai, mas não vacilavam em humilhar o irmão infeliz. Repetiam fórmulas verbais no culto à prece, todavia, não oravam expondo o coração. Eram corretos na posição exterior, contudo, não sabiam descer do pedestal de orgulho falso em que se erigiam, para ajudar o próximo e desculpá-lo até o próprio sacrifício. Raciocinavam perfeitamente no quadro de seus interesses pessoais, todavia, eram incapazes de sentir a verdadeira fraternidade, suscetível de conduzir os vizinhos ao regaço do Supremo Senhor.

Eis por que Jesus traça aos aprendizes novo padrão de vida.

O cristão não surgiu na Terra para circunscrever-se à casinhola da personalidade; apareceu, com o Mestre da Cruz, para transformar vidas e aperfeiçoá-las com a própria existência que, sob a inspiração do Mentor Divino, será sempre um cântico de serviço aos semelhantes, exalçando o amor glorioso e sem-fim, na direção do Reino dos Céus que começa, invariavelmente, dentro de nós mesmos.

162
A luz inextinguível

A caridade jamais se acaba.
Paulo (*I Coríntios*, 13:8.)

Permaneces no campo da experiência humana, em plena atividade transformadora.

Todas as situações de que te envaideces, comumente, são apenas ângulos necessários, mas instáveis de tua luta.

A fortuna material, se não a fundamentas no trabalho edificante e contínuo, é patrimônio inseguro.

A família humana, sem laços de verdadeira afinidade espiritual, é ajuntamento de almas, em experimentação de fraternidade, da qual te afastarás, um dia, com extremas desilusões.

A eminência diretiva, quando não solidificada em alicerces robustos de justiça e sabedoria, de trabalho e consagração ao bem, é antecâmara do desencanto.

A posição social é sempre um jogo transitório.

As emoções da esfera física, em sua maior parte, apagam-se como a chama duma vela.

A mocidade do corpo denso é floração passageira.

A fama e a popularidade costumam ser processos de tortura incessante.

A tranquilidade mentirosa é introdução a tormentos morais.

A festa desequilibrante é véspera de laborioso reparo.

O abuso de qualquer natureza compele ao reajustamento apressado.

Tudo, ao redor de teus passos, na vida exterior, é obscuro e problemático.

O amor, porém, é a luz inextinguível.

A caridade jamais se acaba.

O bem que praticares, em algum lugar, é teu advogado em toda parte.

Através do amor que nos eleva, o mundo se aprimora.

Ama, pois, em Cristo, e alcançarás a glória eterna.

163
O irmão

A caridade é sofredora, é benigna; a caridade não é invejosa, não trata com leviandade, não se ensoberbece.
PAULO (*I Coríntios*, 13:4.)

Quem dá para mostrar-se é vaidoso.

Quem dá para torcer o pensamento dos outros, dobrando-o aos pontos de vista que lhe são peculiares, é tirano.

Quem dá para livrar-se do sofredor é displicente.

Quem dá para exibir títulos efêmeros é tolo.

Quem dá para receber com vantagens é ambicioso.

Quem dá para humilhar é companheiro das obras malignas.

Quem dá para sondar a extensão do mal é desconfiado.

Quem dá para afrontar a posição dos outros é soberbo.

Quem dá para situar o nome na galeria dos benfeitores e dos santos é invejoso.

Quem dá para prender o próximo e explorá-lo é delinquente potencial.

Em todas essas situações, na maioria dos casos, quem dá se revela um tanto melhor que todo aquele que não dá, de mente cristalizada na indiferença ou na secura; todavia, para aquele que dá, irradiando o amor silencioso, sem propósitos de recompensa e sem mescla de personalismo inferior, reserva o Plano Maior o título de Irmão.

164
Acima de nós

Porque está escrito: Destruirei a ciência dos sábios e aniquilarei a inteligência dos inteligentes.
PAULO (*I Coríntios*, 1:19.)

Dezenas de séculos passaram sobre o planeta, renovando a estruturação de todos os conceitos humanos.

A ciência da guerra multiplicou os Estados, entretanto, todos os gabinetes administrativos que lhe traçam os escuros caminhos sucumbem, através do tempo, pelas garras dos monstros que eles próprios criaram.

A ciência religiosa estabeleceu muitos templos veneráveis, contudo, toda vez que esses santuários se confiam ao conforto material desregrado, sobre o pedestal do dogma e do despotismo, caem, pouco a pouco, envenenados pelo vírus do separatismo e da perseguição que decretam para os outros.

A ciência filosófica erige sistemas sobre sistemas, todavia, quando procura instalar-se no negativismo absoluto, perante a Divindade do Senhor, sofre humilhações e reveses, dentro dos quais atinge fins integralmente contrários aos que se propunha realizar.

Em toda parte da História, vemos triunfadores de ontem arrojados ao pó da Terra, cientistas que semeiam vaidade e recolhem os frutos da morte, filósofos louvados pela turba invigilante, que plantam audaciosas teorias de raça e economia, conduzindo o povo à fome, à ignorância e à destruição.

Procura, pois, a fé e age, de conformidade com a lei de amor que ela te descortina ao coração, porque, acima de nós, infinito é o Poder do Senhor e dia virá em que toda a mentira e toda a vaidade serão confundidas.

165

Assim como

Assim como o Pai me enviou, também eu vos envio a vós.
Jesus (*João*, 20:21.)

Todo cristão sincero sabe como o Senhor Supremo enviou à Terra o Embaixador Divino.

Fê-lo nascer na manjedoura singela.

Deu-lhe trabalho construtivo na infância.

Conferiu-lhe deveres pesados, na preparação, com prece e jejum no deserto.

Inspirou-lhe vida frugal e simples.

Não lhe permitiu o estacionamento em alegrias artificiais.

Conduziu-o ao serviço ativo no bem de todos.

Inclinou-lhe o coração para os doentes e necessitados.

Enviou-o ao círculo de pecadores contumazes.

Induziu-o a banquetear-se com pessoas consideradas de má vida, para que o seu amor não fosse uma joia de luxo e sim o clima abençoado para a salvação de muitos.

Fê-lo ensinar o bem e praticá-lo entre os paralíticos e cegos, leprosos e loucos, de modo a beneficiá-los.

E, ao término de sua missão sublime, deu-lhe a morte na cruz, entre ladrões, com o abandono dos amigos, sob perseguição e desprezo, para que as criaturas aprendessem o processo de sacrifício pessoal, como garantia de felicidade, a caminho da ressurreição do homem interior na vida eterna.

Foi assim que o Supremo Pai enviou à Terra o Filho Divino e, nesse padrão, podemos entender o que Jesus desejava dizer quando asseverou que expediria mensageiros ao mundo nas mesmas normas.

Assim, pois, o cristão que aspira a movimentar-se entre facilidades terrestres, certamente ainda não acordou para a verdade.

166
Respostas do Alto

*E qual o pai dentre vós que, se o filho lhe
pedir pão, lhe dará uma pedra?*
JESUS (*Lucas*, 11:11.)

    Nos círculos da fé, encontramos diversos corações extenuados e desiludidos. Referem-se à oração, à maneira de doentes desenganados quanto à eficácia do remédio, alegando que não recebem respostas do Alto.
    Entretanto, a meditação mais profunda lhes conferiria mais elevada noção dos Divinos Desígnios, entendendo, enfim, que o Senhor jamais oferece pedras ao filho que pede pão.
    Nem sempre é possível compreender, de pronto, a resposta celeste em nosso caminho de luta, no entanto, nunca é demais refletir para perceber com sabedoria.
    Em muitas ocasiões, a contrariedade amarga é aviso benéfico e a doença é recurso de salvação.
    Não poucas vezes, as flores da compaixão do Cristo visitam a criatura em forma de espinhos e, em muitas

circunstâncias da experiência terrestre, as bênçãos da medicina celestial se transformam temporariamente em feridas santificantes.

Em muitas fases da luta, o Senhor decreta a cassação de tempo ao círculo do servidor, para que ele não encha os dias com a repetição de graves delitos e, não raro, dá-lhe fealdade ao corpo físico para que sua alma se ilumine e progrida.

Se a paternidade terrena, imperfeita e deficiente, vela em favor dos filhos, que dizer da Paternidade de Deus, que sustenta o Universo ao preço de inesgotável amor?

O Todo-Compassivo nunca atira pedras às mãos súplices que lhe rogam auxílio.

Se te demoras, pois, no seio das inibições provisórias, permanece convicto de que todos os impedimentos e dores te foram concedidos por respostas do Alto aos teus pedidos de socorro, amparo e lição, com vistas à vida eterna.

167
Nossos irmãos

E d'Ele temos este mandamento: que quem ama a Deus, ame também a seu irmão.
(I João, 4:21.)

Em verdade, amamos a Deus, em todos os motivos de júbilo dentro da nossa marcha evolutiva. O Evangelho, entretanto, é farto de recomendações, no sentido de amarmos também os nossos irmãos, entre as pedras e sombras da escabrosa subida.

Certo, a palavra da Boa-Nova não se reporta aos companheiros amados e felizes que já solucionaram conosco as questões de harmonia mental, e sim aos que respiram em nossa atmosfera, exigindo auxílio fraterno e seguro.

São eles:

os nossos irmãos doentes que reclamam remédio;
os infortunados que pedem consolo;
os fracos que esperam defesa;

os ignorantes que anseiam por esclarecimento;

os desajustados que necessitam de compreensão;

os criminosos distanciados do socorro e da luz;

os insubmissos que nos desafiam a tolerância;

os desequilibrados que nos induzem a vigiar para o bem;

os demolidores que nos oferecem o ensejo de reconstruir;

os revolucionários que nos auxiliam a reconhecer os benefícios da ordem;

os que nos ferem, ajudando-nos a desbastar as próprias imperfeições;

os que nos perseguem e caluniam, proporcionando-nos a oportunidade de suportar com o Cristo, na prática do Evangelho.

O irmão iluminado e bondoso, em si, já representa uma obra viva do Pai, através da qual o conhecemos e admiramos; o irmão ignorante ou infeliz, porém, é uma obra que o Céu nos convida a amparar e embelezar, no rumo da perfeição, em nome do Todo-Misericordioso.

Se amas a Deus no irmão que te entende e ajuda, não te esqueças de honrá-lo e querê-lo no irmão que ainda te não pode amar.

168
Parecem, mas não são

Mas quem não possui o espírito do Cristo, esse tal não é d'Ele.
PAULO (*Romanos*, 8:9.)

O governante recorrerá ao Testamento Divino para conciliar os interesses do povo.

O legislador lançará pensamentos do Evangelho nas leis que estabelece.

O juiz valer-se-á das sugestões do Mestre para iluminar com elas as sentenças que redige.

O administrador combinará versículos sagrados para alicerçar pareceres em processos de serviço.

O escritor senhoreará sublimes imagens da Revelação para acordar o entusiasmo e a esperança em milhares de leitores.

O poeta usará passagens do Senhor para colorir os versos de sua inspiração.

O pintor reportar-se-á aos quadros apostólicos e realizará primores imperecíveis ajustando a tela, a tinta e o pincel.

O escultor fixará no mármore a lembrança das lições eternas do Divino Mensageiro.

O revolucionário repetirá expressões do Orientador Celeste para justificar reivindicações de todos os feitios.

O próprio mendigo se pronunciará em nome do Salvador, rogando esmolas.

Ninguém se iluda, porém, com as aparências exteriores.

Se o governante, o legislador, o juiz, o administrador, o escritor, o poeta, o pintor, o escultor, o revolucionário e o mendigo não revelam na individualidade traços marcantes e vivos do Mestre, demonstrando possuir-lhe o espírito, em verdade, ainda não são d'Ele.

Parecem, mas não são.

169
Enquanto é hoje

Enquanto se diz: Hoje, se ouvirdes a sua voz, não endureçais os vossos corações.
Paulo (*Hebreus*, 3:15.)

Encarecer a oportunidade de regeneração espiritual na vida física nunca será argumento fastidioso nos círculos de educação religiosa.

O corpo denso, de alguma forma, representa o molde utilizado pela compaixão divina, em nosso favor, em grande número de reencarnações, para reajustar nossos hábitos e aprimorá-los.

A carne, sob muitos aspectos, é barro vivo de sublime cerâmica, onde o Oleiro Celeste nos conduz muitas vezes, à mesma forma, ao calor da luta, a fim de aperfeiçoar-nos o veículo sutil de manifestação do espírito eterno; entretanto, quase sempre, estragamos a oportunidade, encaminhando-nos para a inutilidade ou para a ruína.

Dentro do assunto, porém, a palavra de Paulo é valiosa e oportuna.

Enquanto puderes escutar ou perceber a palavra Hoje, com a audição ou com a reflexão, no campo fisiológico, vale-te do tempo para registar[9] as sugestões divinas e concretizá-las em tua marcha.

Para o homem brutalizado a morte não traz grandes diferenças. A ignorância passa o dia na impulsividade e a noite na inconsciência, até que o tempo e o esforço individual operem o desgaste das sombras, clareando-lhe o caminho.

Aqui, todavia, nos referimos à criatura medianamente esclarecida.

Todos os pequenos maus hábitos, aparentemente inexpressivos, devem ser muito bem extirpados pelos seus portadores que, desde a Terra, já disponham de algum conhecimento da vida espiritual, porque um dos maiores tormentos para a alma desencarnada, de algum modo instruída sobre os caminhos que se desdobram além da morte, é sentir, nos círculos de matéria sublimada, flores e trevas, luz e lama dentro de si mesma.

---

[9] N.E.: Ver nota no capítulo 8.

170
Amanhã

Digo-vos que não sabeis o que acontecerá amanhã.
(*Tiago*, 4:14.)

Diz o preguiçoso: "amanhã farei".
Exclama o fraco: "amanhã, terei forças".
Assevera o delinquente: "amanhã, regenero-me".
É imperioso reconhecer, porém, que a criatura, adiando o esforço pessoal, não alcançou, ainda, em verdade, a noção real do tempo.
Quem não aproveita a bênção do dia, vive distante da glória do século.
Alma sem coragem de avançar cem passos, não caminhará vinte mil.
O lavrador que perde a hora de semear, não consegue prever as consequências da procrastinação do serviço a que se devota, porque, entre uma hora e outra, podem surgir impedimentos e lutas de indefinível duração.
Muita gente aguarda a morte para entrar numa boa vida, contudo, a lei é clara quanto à destinação de cada um de nós.

Alcançaremos sempre os resultados a que nos propomos.

Se todas as aves possuem asas, nem todas se ajustam à mesma tarefa, nem planam no mesmo nível.

A andorinha voa na direção do clima primaveril, mas o corvo, de modo geral, se consagra, em qualquer tempo, aos detritos do chão.

Aquilo que o homem procura agora, surpreenderá amanhã, à frente dos olhos e em torno do coração.

Cuida, pois, de fazer, sem delonga, quanto deve ser feito a benefício de tua própria felicidade, porque o Amanhã será muito agradável e benéfico somente para aquele que trabalha no bem, que cresce no ideal superior e que aperfeiçoa, valorosamente, nas abençoadas horas de Hoje.

171
No campo físico

Semeia-se corpo animal, ressuscitará corpo espiritual.
Paulo (*I Coríntios*, 15:44.)

Ninguém menospreze a expressão animal da vida humana, a pretexto de preservar-se na santidade.

A imersão da mente nos fluidos terrestres é uma oportunidade de sublimação que o espírito operoso e desperto transforma em estruturação de valores eternos.

A sementeira comum é símbolo perfeito.

O gérmen lançado à cova escura sofre a ação dos detritos da terra, afronta a lama, o frio, a resistência do chão, mas em breve se converte em verdura e utilidade na folhagem, em perfume e cor nas flores e em alimento e riqueza nos frutos.

Compreendamos, pois, que a semente não estacionou. Rompeu todos os obstáculos e, sobretudo, obedeceu à influência da luz que a orientava para cima, na direção do Sol.

A cova do corpo é também preciosa para a lavoura espiritual, quando nos submetemos à lei que nos induz para o Alto.

Toda criatura provisoriamente algemada à matéria pode aproveitar o tempo na criação de espiritualidade divina.

O apóstolo, todavia, é muito claro quando emprega o termo "semeia-se". Quem nada planta, quem não trabalha na elevação da própria vida, coagula a atividade mental e rola no tempo à maneira do seixo que avança quase inalterável, a golpes inesperados da Natureza.

Quem cultiva espinhos, naturalmente alcançará espinheiros.

Mas, o coração prevenido que semeia o bem e a luz, no solo de si mesmo, espere, feliz, a colheita da glória espiritual.

172
Manjares

Os manjares são para o ventre, e o ventre para os manjares; Deus, porém, aniquilará tanto um como os outros.
Paulo (*I Coríntios*, 6:13.)

O alimento do corpo e da alma, no que se refere ao pão e à emoção, representa meio para a evolução e não o fim da evolução em si mesma.

Há criaturas, no entanto, que fazem do prato e do continuísmo simplista da espécie únicas razões de ser em toda a vida.

Trabalham para comer e procriam sem pensar.

Quando se lhes fala do espírito ou da eternidade, bocejam despreocupadas, quando não trocam, aflitivamente, de assunto.

Efetivamente, a satisfação dos sentidos fisiológicos é para a alma o amparo que o solo e o adubo constituem para a semente. Todavia, se a semente persiste em reter-se na cova para gozar as delícias do adubo, contrariando a Divina Lei, nunca se lhe utilizará a colaboração preciosa.

Valioso e indispensável à experiência física é o estômago.

Veneráveis e sublimes são as faculdades criadoras.

Urge, contudo, entender as necessidades do espírito imperecível.

Esclarecimento pelo estudo, crescimento mental pelo trabalho e iluminação pela virtude santificante são imperativos para o futuro estágio dos homens.

Quem gasta o tempo consagrando todas as forças da alma às fantasias do corpo, esquecendo-se de que o corpo deve permanecer a serviço da alma, cedo esbarrará na perturbação, na inutilidade ou na sombra.

Para a comunidade dos aprendizes aplicados e prudentes, todavia, brilha no Evangelho o eloquente aviso de Paulo: "Os manjares são para o ventre e o ventre para os manjares; Deus, porém, aniquilará tanto um como os outros."

173
O pão divino

*Moisés não vos deu o pão do Céu; mas meu
Pai vos dá o verdadeiro pão do Céu.*
Jesus (*João*, 6:32.)

Toda arregimentação religiosa na Terra não tem escopo maior que o de preparar as almas, ante a grandeza da vida espiritual.

Templos de pedra arruínam-se.

Princípios dogmáticos desaparecem.

Cultos externos modificam-se.

Revelações ampliam-se.

Sacerdotes passam.

Todos os serviços da fé viva representam, de algum modo, aquele pão que Moisés dispensou aos hebreus, alimento valioso sem dúvida, mas que sustentava o corpo apenas por um dia, e cuja finalidade primordial é a de manter a sublime oportunidade da alma em busca do verdadeiro pão do Céu.

O Espiritismo Evangélico, nos dias que correm, é abençoado celeiro desse pão. Em suas linhas de trabalho, há mais certeza e esperança, mais entendimento e alegria.

Esteja, porém, cada companheiro convencido de que o esforço pessoal no pão divino para a renovação, purificação e engrandecimento da alma há de ser culto dominante no aprendiz ou prosseguiremos nas mesmas obscuridades mentais e emocionais de ontem.

Observações de ordem fenomênica destinam-se ao olvido.

Afirmativas doutrinárias elevam-se para o bem.

Horizontes do conhecimento dilatam-se ao infinito.

Processos de comunicação com o invisível progridem sempre.

Médiuns sucedem-se uns aos outros.

Se procuras, pois, a própria felicidade, aplica-te com todas as energias ao aproveitamento do pão divino que desce do Céu para o teu coração, através da palavra dos benfeitores espirituais, e aprende a subir, com a mente inflamada de amor e luz, aos inesgotáveis celeiros do pão celestial.

174
Plataforma do Mestre

Ele salvará seu povo dos pecados deles.
(Mateus, 1:21.)

Em verdade, há dois mil anos, o povo acreditava que Jesus seria um comandante revolucionário, como tantos outros, a desvelar-se por reivindicações políticas, à custa da morte, do suor e das lágrimas de muita gente.

Ainda hoje, vemos grupos compactos de homens indisciplinados que, administrando ou obedecendo, se reportam ao Cristo, interpretando-o qual se fora patrono de rebeliões individuais, sedento de guerra civil.

Entretanto, do Evangelho não transparece qualquer programa nesse sentido.

Que Jesus é o Divino Governador do planeta não podemos duvidar. O que fará Ele do mundo redimido ainda não sabemos, porque ao soldado humílimo são defesos os planos do General.

A Boa-Nova, todavia, é muito clara, quanto à primeira plataforma do Mestre dos Mestres. Ele não apresentava títulos de reformador dos hábitos políticos, viciados pelas más inclinações de governadores e governados de todos os tempos.

Anunciou-nos a celeste revelação que Ele viria salvar-nos de nossos próprios pecados, libertar-nos da cadeia de nossos próprios erros, afastando-nos do egoísmo e do orgulho que ainda legislam para o nosso mundo consciencial.

Achamo-nos, até hoje, em simples fase de começo de apostolado evangélico – Cristo libertando o homem das chagas de si mesmo, para que o homem limpo consiga purificar o mundo.

O reino individual que puder aceitar o serviço liberatório do Salvador encontrará a vida nova.

175
A verdade

Eu sou o caminho e a verdade.
Jesus (*João*, 14:6.)

Por enquanto, ninguém se atreverá, em boa lógica, a exibir, na Terra, a verdade pura, ante a visão das forças coletivas.

A profunda diversidade das mentes, com a heterogeneidade de caracteres e temperamentos, aspirações e propósitos, impede a exposição da realidade plena ao espírito das massas comuns.

Cada escola religiosa, em razão disso, mantém no mundo cursos diferentes da revelação gradativa. A claridade imaculada não seria, no presente estágio da evolução humana, assimilável por todos, de imediato.

Há que esperar pela passagem das horas. Nos círculos do tempo, a semente, com o esforço do homem, provê o celeiro; e o carvão, com o auxílio da Natureza, se converte em diamante.

Por isto, vemos verdades estagnadas nas igrejas dogmáticas, verdades provisórias nas ciências, verdades progressivas nas filosofias, verdades convenientes nas lides políticas e verdades discutíveis em todos os ângulos da vida civilizada.

Semelhante imperativo, porém, para a mentalidade cristã, apenas vigora quanto às massas.

Diante de cada discípulo, no reino individual, Jesus é a verdade sublime e reveladora.

Todo aquele que lhe descobre a luz bendita, absorve-lhe os raios celestes, transformadores... E começa a observar a experiência sob outros prismas, elege mais altos padrões de luta, descortina metas santificantes e identifica-se com horizontes mais largos. O reino do próprio coração passa a gravitar ao redor do novo centro vital, glorioso e eterno. E à medida que se vai desvencilhando das atrações da mentira, cada discípulo do Senhor penetra mais intensivamente na órbita da Verdade, que é a Pura Luz.

176
O caminho

Eu sou o caminho [...].
JESUS (*João*, 14:6.)

Há muita gente acreditando, ainda, na Terra, que o Cristianismo seja uma panaceia como tantas para a salvação das almas.

Para essa casta de crentes, a vida humana é um processo de gozar o possível no corpo de carne, reservando-se a luz da fé para as ocasiões de sofrimento irremediável.

Há decadência na carne? Procura-se o aconchego dos templos.

Veio a morte de pessoas amadas? Ouve-se uma ou outra pregação que auxilie a descida de lágrimas momentâneas.

Há desastres? Dobram-se os joelhos, por alguns minutos, e aguarda-se a intervenção celeste.

Usa-se a oração, em momentos excepcionais, à maneira de pomada miraculosa, somente aconselhável à pele, em ocasiões de ferimento grave.

A maioria dos estudantes do Evangelho parecem esquecer que o Senhor se nos revelou como sendo o caminho...

Não se compreende estrada sem proveito.

Abraçar o Cristianismo é avançar para a vida melhor.

Aceitar a tutela de Jesus e marchar, em companhia d'Ele, é aprender sempre e servir diariamente, com renovação incessante para o bem infinito, porque o trabalho construtivo, em todos os momentos da vida, é a jornada sublime da alma, no rumo do conhecimento e da virtude, da experiência e da elevação.

Zonas sem estradas que lhes intensifiquem o serviço e o transporte são regiões de economia paralítica.

Cristãos que não aproveitam o caminho do Senhor para alcançarem a legítima prosperidade espiritual são criaturas voluntariamente condenadas à estagnação.

177
Edificação do Reino

O Reino de Deus está no meio de vós.
Jesus (*Lucas*, 17:21.)

Nem na alegria excessiva que ensurdece.
Nem na tristeza demasiada que deprime.
Nem na ternura incondicional que prejudica.
Nem na severidade indiscriminada que destrói.
Nem na cegueira afetiva que jamais corrige.
Nem no rigor que resseca.
Nem no absurdo afirmativo que é dogma.
Nem no absurdo negativo que é vaidade.
Nem nas obras sem fé que se reduzem a pedra e pó.
Nem na fé sem obras que é estagnação da alma.
Nem no movimento sem ideal de elevação que é cansaço vazio.
Nem no ideal de elevação sem movimento que é ociosidade brilhante.
Nem cabeça excessivamente voltada para o firmamento com inteira despreocupação do valioso trabalho na Terra.

Nem pés definitivamente chumbados ao chão do planeta com integral esquecimento dos apelos do Céu.

Nem exigência a todo instante.

Nem desculpa sem-fim.

O Reino Divino não será concretizado na Terra, através de atitudes extremistas.

O próprio Mestre asseverou-nos que a sublime realização está no meio de nós.

A edificação do Reino Divino é obra de aprimoramento, de ordem, esforço e aplicação aos desígnios do Mestre, com bases no trabalho metódico e na harmonia necessária.

Não te prendas excessivamente às dificuldades do dia de ontem, nem te inquietes demasiado pelos prováveis obstáculos de amanhã.

Vive e age bem no dia de hoje, equilibra-te e vencerás.

178
Obra individual

Saiba que aquele que fizer converter do erro do seu caminho um pecador, salvará da morte uma alma e cobrirá uma multidão de pecados.
(*Tiago*, 5:20.)

Quando um homem comete uma ação má, os reflexos dela perduram, por muito tempo, na atmosfera espiritual em que ele vive.

A criatura ignorante que a observa se faz pior.

Os olhos menos benevolentes que a veem se tornam mais duros.

O homem quase retificado que a identifica estaciona e desanima.

O missionário do bem que a surpreende encontra mais dificuldades para socorrer os outros.

Em derredor de um gesto descaridoso, congregam-se a indisciplina, o despeito, a revolta e a vingança, associando-se em operações mentais malignas e destrutivas.

Uma boa ação, contudo, edifica e ilumina sempre.

A criatura ignorante que a observa aprende a elevar-se.

Os olhos menos benevolentes que a veem recebem nova claridade para a vida íntima.

O homem quase retificado que a identifica adquire mais fortaleza para restaurar-se.

O missionário do bem que a surpreende nela se exalta, a benefício do seu apostolado de luz.

Em torno da manifestação cristã, enlaçam-se a gratidão, a alegria, a esperança e o otimismo, organizando criações mentais iluminativas e santificantes.

Se desejas, portanto, propagar o espírito sublime do Cristianismo, atende à obra individual com Jesus.

Afasta os corações amados do campo escuro do erro, através de teus atos que constituem lições vivas do amor edificante.

Recorda-te de que pela conversão verdadeira e substancial de um só espírito ao Infinito Bem, escuras multidões de males poderão desaparecer para sempre.

179

Palavras

Da mesma boca procede bênção e maldição.
(*Tiago*, 3:10.)

Nunca te arrependerás:

De haver ouvido cem frases, pronunciando simplesmente uma ou outra pequenina observação.

De evitar o comentário alusivo ao mal, qualquer que seja.

De calar a explosão da cólera.

De preferir o silêncio nos instantes de irritação.

De renunciar aos palpites levianos nas menores controvérsias.

De não opinar em problemas que te não dizem respeito.

De esquivar-te a promessas que não poderias cumprir.

De meditar muitas horas sem abrir os lábios.

De apenas sorrir sempre que visitado pela desilusão ou pela amargura.

De fugir a reclamações de qualquer natureza.

De estimular o bem sob todos os prismas.
De pronunciar palavras de perdão e bondade.
De explanar sobre o otimismo, a fé e a esperança.
De exaltar a confiança no Céu.
De ensinar o que seja útil, verdadeiro e santificante.
De prestar informações que ajudem aos outros.
De exprimir bons pensamentos.
De formular apelos à fraternidade e à concórdia.
De demonstrar benevolência e compreensão.
De fortalecer o trabalho e a educação, a justiça e o dever, a paz e o bem, ainda mesmo com sacrifício do próprio coração.

Examina o sentido, o modo e a direção de tuas palavras, antes de pronunciá-las.

Da mesma boca procede bênção ou maldição para o caminho.

180
Depois...

Depois, sobrevindo tribulação ou perseguição [...].
Jesus (*Marcos*, 4:17.)

Toda a gente conhece a ciência de começar as boas obras.

Aceita-se o braço de um benfeitor, com exclamações de júbilo, todavia, depois... quando desaparece a necessidade, cultiva-se a queixa descabida, no rumo da ingratidão declarada, afirmando-se – "ele não é tão bom quanto parece".

Inicia-se a missão de caridade, com entusiasmo santo, contudo, depois... ao surgirem os primeiros espinhos, proclama-se a falência da fé, gritando-se com toda força – "não vale a pena".

Empreende-se a jornada da virtude e aproveita-se o estímulo que o Senhor concede à alma, através de mil recursos diferentes, entretanto, depois... quando a disciplina e o sacrifício cobram o justo imposto devido à iluminação espiritual, clama-se com enfado – "assim também, não".

Ajuda-se a um companheiro da estrada, com extremado carinho, adornando-se-lhe o coração de flores encomiásticas, no entanto, depois... se a nossa sementeira não corresponde à ternura exigente, abandonamo-lo aos azares da senda, asseverando com ênfase – "não posso mais".

Todos sabem principiar o ministério do bem, poucos prosseguem na lide salvadora, raríssimos terminam a tarefa edificante.

Entretanto, por outro lado, as perigosas realizações da perturbação e da sombra se concretizam com rapidez.

Um companheiro começa a trair os seus compromissos divinos e efetua, sem demora, o que deseja.

Outro enceta a plantação do desânimo e, lesto, alcança os fins a que se propõe.

Outro, ainda, inicia a discórdia e, sem detença, cria a desarmonia geral.

Realmente, é muito difícil perseverar no bem e sempre fácil atingir o mal.

Todavia, depois...

Índice das obras por capítulos e versículos[10]

Capítulo Versículo	Capítulo Obra	Capítulo Versículo	Capítulo Obra	Capítulo Versículo	Capítulo Obra
MATEUS		7:2	179 PVE	20:22	65 CVV
1:21	174 VL	7:3	113 FV	20:28	4 PN
4:4	18 FV	7:3	35 PVE	22:39	41 CVV
4:25	144 FV	7:6	93 VL	24:13	36 PN
5:1	104 FV	7:9	166 PVE	24:16	140 CVV
5:2	17 VL	7:12	66 PVE	24:20	113 VL
5:7	69 PVE	7:16	7 FV	24:28	32 PN
5:9	70 PVE	7:20	122 CVV	24:42	132 VL
5:9	79 PVE	7:24	9 PN	25:15	7 PVE
5:14	76 CVV	8:3	37 PVE	25:25	132 FV
5:14	105 FV	8:3	147 PVE	25:40	137 FV
5:15	81 FV	8:22	143 FV	26:22	12 PVE
5:16	180 CVV	9:11	137 CVV	26:23	104 VL
5:16	13 PVE	9:16	1 PVE	26:27	19 PVE
5:16	159 VL	9:35	51 PN	26:40	88 CVV
5:20	112 PVE	9:37	148 PN	26:41	110 FV
5:20	161 VL	10:14	71 PN	26:50	90 CVV
5:25	120 PN	10:25	103 CVV	26:56	94 VL
5:25	111 PVE	10:34	104 CVV	26:58	89 CVV
5:25	178 PVE	11:15	72 PVE	27:4	91 PN
5:37	80 PN	11:28	172 CVV	27:8	91 CVV
5:39	62 VL	11:28	5 FV	27:22	100 VL
5:39	63 VL	11:29	130 PN	27:23	70 FV
5:44	16 PVE	12:20	162 CVV	27:42	46 FV
5:44	41 VL	13:3	64 FV	28:19-20	116 FV
5:46	96 FV	13:8	51 PVE	28:20	83 PVE
5:47	60 VL	13:30	107 VL	28:20	149 PVE
6:6	172 PVE	13:38	68 VL	MARCOS	
6:9	77 FV	14:19	91 VL	1:20	153 FV
6:9	164 FV	14:23	6 CVV	1:24	144 CVV
6:13	57 VL	15:18	97 VL	1:38	38 CVV
6:14	135 FV	17:9	128 CVV	2:27	30 PN
6:20	177 FV	18:8	108 CVV	2:4	118 CVV
6:20	156 PN	18:10	157 FV	3:5	174 FV
6:22	71 PVE	18:33	20 CVV	3:23	146 CVV
6:25	8 PVE	19:6	164 CVV	4:15	25 PN
6:31	86 VL	19:22	149 CVV	4:17	180 VL
6:33	18 VL	19:26	33 PVE	4:19	40 VL
6:34	152 VL	19:27	22 FV	4:28	102 CVV
7:2	76 PVE	19:29	154 PVE	4:32	35 CVV
		20:4	29 PN		

[10] N.E.: Abreviaturas utilizadas: CVV: Caminho, verdade e vida; PN: Pão nosso; VL: Vinha de luz; FV: Fonte viva; PVE: Palavras de vida eterna.

Francisco Cândido Xavier / Emmanuel

Capítulo Versículo	Capítulo Obra	Capítulo Versículo	Capítulo Obra	Capítulo Versículo	Capítulo Obra
4:33	143 PN	6:30	106 CVV	15:29	157 PN
5:9	143 CVV	6:35	137 PN	15:29	98 PVE
5:9	167 PVE	6:38	72 PN	16:2	75 FV
5:19	168 PVE	6:44	121 CVV	16:9	111 PN
5:19	111 VL	6:46	47 CVV	16:9	112 PN
5:23	153 CVV	7:22	144 PVE	16:13	142 CVV
6:31	147 FV	8:13	124 CVV	16:29	116 PN
6:31	34 PN	8:17-18	52 PVE	17:20	107 CVV
6:31	152 PVE	8:25	40 CVV	17:21	177 VL
6:32	168 CVV	8:28	19 PN	17:23	19 CVV
6:37	131 FV	8:48	113 PN	17:31	134 VL
6:37	11 PVE	9:20	161 PN	18:1	61 FV
6:56	70 CVV	9:23	15 PVE	18:41	44 CVV
7:7	37 CVV	9:26	51 VL	18:43	34 VL
8:2	6 VL	9:28	105 CVV	19:13	2 VL
8:3	124 PN	9:30	67 CVV	19:42	38 PN
8:5	133 FV	9:35	32 CVV	19:48	47 VL
8:5	9 PVE	9:44	70 VL	21:13	71 CVV
8:11	145 VL	9:53	175 FV	21:19	171 PVE
8:34	74 PVE	9:62	3 PN	21:34	23 VL
8:36	58 CVV	10:3	144 VL	22:12	144 PN
8:36	6 PVE	10:5	108 PVE	22:27	59 VL
8:36	73 PVE	10:6	65 VL	22:32	15 CVV
9:24	123 PN	10:9	44 PN	22:32	45 VL
9:35	56 VL	10:20	145 CVV	22:42	151 PVE
10:43	155 CVV	10:28	157 CVV	22:46	87 CVV
10:45	82 FV	10:29	126 FV	23:26	140 FV
10:50	98 CVV	10:41	3 VL	23:31	82 CVV
10:51	89 FV	10:42	32 FV	23:34	38 FV
11:12	162 PVE	11:1	167 CVV	23:34	61 PVE
11:25	45 PN	11:3	174 CVV	23:43	81 PN
12:17	102 PN	11:9	109 PN	24:11	9 VL
12:27	42 PN	11:10	109 CVV	24:16	95 CVV
12:29	105 CVV	11:11	166 VL	24:35	129 PN
12:38	28 CVV	11:13	63 PN	24:48	161 CVV
13:11	65 PVE	11:28	70 PN	**João**	
13:33	87 VL	11:35	33 VL	1:5	106 FV
14:38	3 PVE	11:41	60 FV	1:23	16 CVV
15:17	96 CVV	12:15	165 CVV	1:38	22 CVV
15:21	103 PN	12:15	52 VL	2:5	171 CVV
15:30	94 CVV	12:20	56 CVV	2:25	109 FV
15:30	25 PVE	12:20	35 VL	3:3	56 FV
15:32	131 PN	12:21	120 FV	3:7	110 CVV
16:7	67 VL	12:26	31 CVV	3:7	177 PVE
16:16	163 CVV	12:34	64 CVV	3:10	111 CVV
16:17	174 PN	13:24	20 VL	3:12	136 CVV
Lucas		13:26	34 CVV	3:16	60 PVE
1:79	85 VL	13:33	20 PN	3:30	76 VL
2:14	180 FV	14:10	39 PN	3:34	2 PVE
2:49	27 CVV	14:10	43 PN	4:34	42 VL
3:13	19 VL	14:18	128 PVE	4:35	10 VL
3:14	5 PN	14:21	127 PVE	5:17	4 CVV
3:17	90 PN	14:27	58 FV	5:29	127 PN
4:21	141 CVV	14:27	18 PVE	5:30	101 CVV
5:4	21 PN	14:35	121 PN	5:40	36 FV
5:31	28 FV	15:17	88 FV	6:10	25 CVV
6:19	110 PN	15:17	24 PN	6:12	171 PN
6:22	89 PN	15:18	13 FV	6:30	92 FV
6:26	80 CVV	15:20	97 PVE	6:32	173 VL

Vinha de luz

Capítulo Versículo	Capítulo Obra	Capítulo Versículo	Capítulo Obra	Capítulo Versículo	Capítulo Obra
6:48	134 PVE	15:7	59 PN	9:18	149 VL
6:60	176 CVV	15:7	64 PVE	9:41	33 FV
6:63	118 PVE	15:8	45 FV	10:15	23 FV
6:68	59 FV	15:8	17 PVE	10:29	54 PN
6:68	151 PN	15:13	86 CVV	11:24	12 VL
6:70	164 PN	15:14	135 PVE	12:10	100 CVV
7:6	73 CVV	15:14	174 PVE	14:10	79 CVV
7:20	177 CVV	16:1	101 VL	14:15	33 PN
8:4	85 PN	16:3	128 PN	14:22	159 PN
8:5	43 CVV	16:4	114 VL	15:29	126 CVV
8:11	50 PN	16:7	125 PN	16:9	160 CVV
8:12	166 FV	16:20	93 CVV	16:31	88 VL
8:12	146 VL	16:24	66 CVV	17:32	114 PN
8:32	173 FV	16:27	150 PN	19:2	14 FV
8:32	130 PVE	16:32	170 CVV	19:2	87 FV
8:35	125 CVV	16:33	136 PVE	19:5	158 CVV
8:38	12 CVV	16:33	155 VL	19:11	74 CVV
8:43	48 FV	17:14	169 CVV	19:15	63 CVV
8:45	78 CVV	17:15	30 CVV	20:35	117 FV
8:58	133 CVV	17:15	162 FV	21:13	119 PN
9:4	127 CVV	17:17	139 VL	22:10	112 FV
9:25	95 FV	17:18	180 PN	22:16	147 CVV
9:27	37 PN	18:11	114 FV	26:24	49 PN
10:7	172 FV	18:34	85 CVV	**ROMANOS**	
10:7	115 PN	18:36	133 PN	1:17	23 CVV
10:9	178 CVV	19:5	127 FV	1:20	55 PN
10:10	166 CVV	20:1	168 PN	2:6	101 PVE
10:10	104 PVE	20:16	92 CVV	2:10	42 CVV
10:25	2 PN	20:19	9 CVV	3:13	51 FV
11:9	153 PN	20:19	47 PVE	3:16	27 FV
11:23	151 VL	20:20	179 FV	5:3	119 VL
11:44	112 CVV	20:21	53 CVV	5:3	142 VL
11:44	75 PVE	20:21	165 VL	6:23	122 VL
12:10	61 VL	20:22	11 VL	7:10	16 FV
12:11	113 CVV	20:24	100 FV	7:21	136 PN
12:26	11 CVV	21:6	21 CVV	8:9	170 FV
12:35	6 PN	21:17	97 CVV	8:9	160 PVE
12:40	139 CVV	21:17	19 FV	8:9	168 VL
12:43	33 CVV	21:22	2 CVV	8:13	78 PN
13:8	5 CVV	21:22	89 PVE	8:13	82 PN
13:17	49 CVV	**ATOS**		8:17	120 VL
13:34	179 CVV	1:8	173 PN	8:31	154 PN
13:35	15 FV	2:13	103 VL	10:11	13 VL
13:35	63 FV	2:17	10 CVV	11:23	78 FV
14:1	36 PVE	2:21	129 VL	12:2	107 FV
14:2	44 FV	2:42	39 VL	12:2	167 PN
14:6	175 VL	2:47	29 PVE	12:2	31 PVE
14:6	176 VL	3:6	106 PN	12:2	131 PVE
14:10	117 PVE	3:19	13 PN	12:2	158 PVE
14:15	175 PVE	4:31	149 FV	12:15	92 PVE
14:27	46 PVE	4:31	98 VL	12:16	118 FV
14:27	56 PVE	4:33	176 PN	12:20	166 PN
14:27	57 PVE	5:15	172 PN	12:21	35 FV
14:22	134 CVV	5:16	175 PN	12:21	10 PVE
14:27	105 VL	8:31	175 CVV	12:21	30 PVE
14:31	84 CVV	9:5	150 CVV	13:7	150 VL
15:4	103 PVE	9:6	39 CVV	14:6	1 CVV
15:5	55 CVV	9:10	17 FV	14:7	154 FV
15:5	146 FV	9:16	125 VL	14:10	40 PVE

Capítulo Versículo	Capítulo Obra	Capítulo Versículo	Capítulo Obra	Capítulo Versículo	Capítulo Obra
14:12	50 CVV	15:19	123 CVV	6:1	37 FV
14:12	102 PVE	15:33	74 PN	6:4	82 PVE
14:12	170 PVE	15:37	7 PN	6:7	160 FV
14:14	94 PN	15:44	171 VL	6:7	110 PVE
14:15	83 PN	15:51	158 VL	6:8	53 VL
14:19	24 VL	15:58	69 FV	6:9	124 FV
14:22	14 CVV	15:58	44 PVE	6:9	82 VL
15:1	46 PN	15:58	115 PVE	6:10	129 PVE
15:4	75 VL	16:13	90 FV	6:10	145 PVE
16:20	27 PN	16:14	31 PN	6:10	169 PVE
I Coríntios		**II Coríntios**		**Efésios**	
1:17	138 PN	1:12	119 CVV	4:1	126 VL
1:18	97 FV	1:12	155 PVE	4:3	49 FV
1:19	164 VL	2:1	156 PVE	4:7	25 FV
1:23	7 VL	3:3	114 CVV	4:15	146 PN
2:12	106 VL	3:16	26 VL	4:20	159 CVV
2:16	176 PVE	4:5	55 FV	4:23	67 FV
3:2	121 VL	4:7	21 PVE	4:23	90 PVE
3:6	138 CVV	4:7	43 PVE	4:28	142 FV
3:9	68 FV	4:7	88 PVE	4:28	163 PVE
3:9	48 VL	4:8	102 VL	4:29	45 CVV
3:13	18 PN	4:16	62 FV	4:29	164 PVE
3:16	30 FV	4:16	141 FV	4:31	59 PVE
4:2	115 FV	4:16	169 FV	4:32	14 PVE
4:2	124 PVE	4:18	168 FV	4:32	38 VL
4:9	57 FV	5:10	Pref. PN	5:8	143 PVE
4:19	72 VL	5:14	74 FV	5:8	160 VL
4:21	152 PN	5:17	7 CVV	5:11	67 PN
5:6	76 FV	5:17	125 PVE	5:14	66 FV
5:6	108 FV	5:20	115 CVV	5:14	68 PN
5:7	64 VL	6:4	132 PN	5:20	91 PVE
6:7	142 PN	6:2	150 PVE	5:20	113 PVE
6:13	172 VL	6:2	153 PVE	5:28	93 PN
8:1	152 CVV	6:16	138 VL	5:33	137 VL
8:2	44 VL	7:2	126 PVE	6:1	136 VL
9:22	72 FV	7:2	147 VL	6:4	135 VL
9:26	26 PVE	7:9	153 VL	6:6	4 VL
9:27	158 PN	7:10	130 CVV	6:7	29 FV
10:7	52 PN	8:1	180 PVE	6:10	111 FV
10:23	28 PN	9:7	58 PN	6:12	160 PN
11:19	36 CVV	10:7	65 FV	6:13	115 VL
12:4	4 FV	12:7	126 PN	6:16	141 VL
12:4	42 PVE	12:15	53 FV	6:17	140 VL
12:6	96 VL	13:5	99 VL	6:20	53 PN
12:7	162 PN	13:7	78 PVE	**Filipenses**	
12:27	157 PVE	13:10	32 VL	1:9	91 FV
12:27	148 VL	13:11	123 FV	1:9	116 VL
12:31	54 FV	**Gálatas**		1:29	104 PN
13:4	93 PVE	1:10	47 PN	1:30	178 PN
13:4	94 PVE	2:8	35 PN	2:3	3 CVV
13:4	163 VL	3:3	155 PN	2:5	2 FV
13:7	32 PVE	4:26	55 VL	2:7	8 CVV
13:8	162 VL	5:1	24 PVE	2:8	62 PN
14:7	84 FV	5:1	27 PVE	2:14	75 PN
14:8	124 VL	5:13	28 PVE	2:21	101 FV
14:10	138 PVE	5:13	133 PVE	3:2	145 FV
14:26	1 PN	5:13	128 VL	3:2	74 VL
15:2	149 PN	5:25	13 CVV	3:11	40 FV
15:13	68 CVV				

Vinha de luz

Capítulo Versículo	Capítulo Obra
3:13	50 FV
3:13	34 PVE
3:14	81 PVE
3:14	50 VL
4:4	61 PN
4:6	86 PVE
4:6	146 PVE
4:8	15 PN
4:8	20 PVE
4:11	29 CVV
4:11	85 PVE
4:12	56 PN
4:13	79 PN
4:19	73 FV
4:20	11 FV
4:22	75 CVV
Colossenses	
2:6	73 PN
2:8	58 PVE
3:2	177 PN
3:8	147 PN
3:12	89 VL
3:13	163 FV
3:14	5 VL
3:15	163 PN
3:16	125 FV
3:17	22 PVE
3:17	108 VL
3:23	57 PN
4:2	108 PN
4:6	77 PN
4:16	143 VL
4:18	140 PN
I Tessalonicenses	
4:4	156 VL
4:9	138 FV
4:9	10 PN
4:11	136 FV
4:11	37 VL
5:8	98 FV
5:9	139 FV
5:13	65 PN
5:13	45 PVE
5:16	50 PVE
5:18	155 FV
5:19	135 PN
5:21	53 FV
5:21	154 VL
5:25	17 PN
II Tessalonicenses	
3:2	23 PN
3:13	11 PN
I Timóteo	
1:7	15 VL
1:15	38 PVE
2:2	39 FV
2:8	84 PN
3:9	131 VL
4:14	127 VL
4:15	159 PVE
4:15	14 VL
4:16	148 CVV
5:4	117 PN
5:8	156 FV
5:8	107 PVE
6:6	107 PN
6:7	47 FV
6:7	119 PVE
6:8	9 FV
6:10	57 CVV
6:10	48 PVE
6:19	63 PVE
II Timóteo	
1:6	30 VL
1:7	84 PVE
1:7	31 VL
1:13	97 PN
1:17	95 VL
2:2	87 PN
2:6	31 FV
2:7	1 FV
2:15	145 PN
2:15	132 PVE
2:16	73 VL
2:21	78 VL
2:22	151 CVV
2:24	98 PN
3:12	77 VL
3:16	121 FV
4:7	148 PVE
4:21	66 VL
Tito	
1:15	34 FV
1:16	116 CVV
2:1	62 PVE
2:1	16 VL
2:8	43 FV
3:3	179 PN
3:14	25 VL
Filemom	
1:14	120 PVE
1:14	165 PVE
1:18	17 CVV
Hebreus	
1:2	148 FV
1:11	72 CVV
3:4	71 VL
3:13	69 PN
3:15	169 VL
5:9	16 PN
5:13	51 CVV
6:1	83 FV
6:7	117 CVV
6:9	59 CVV
6:15	103 FV
6:15	68 PVE
7:7	21 FV
7:27	139 PN
8:10	40 PN
8:11	41 PN
10:6	21 VL
10:8	48 PN
10:16	81 VL
10:24	176 FV
10:24	116 PVE
10:32	60 PN
10:35	128 FV
10:36	129 FV
11:8	3 FV
11:25	42 FV
12:1	12 FV
12:1	85 FV
12:1	76 PN
12:4	79 VL
12:6	22 VL
12:7	88 PN
12:11	6 FV
12:12	52 FV
12:12	99 FV
12:13	86 PN
12:15	123 VL
12:28	178 FV
13:1	141 PN
13:2	141 PVE
13:5	41 FV
13:5	142 PVE
13:9	134 PN
13:10	93 FV
13:14	28 VL
Tiago	
1:4	55 PVE
1:4	67 PVE
1:4	77 PVE
1:6	165 FV
1:6	22 PN
1:8	29 VL
1:12	101 PN
1:14	129 CVV
1:17	52 CVV
1:19	77 CVV
1:22	165 PN
1:22	95 PVE
1:25	8 FV
1:27	139 PVE
2:14	140 PVE
2:17	39 FV
2:17	5 PVE
2:17	106 PVE
2:19	20 FV
2:19	137 PVE
3:6	170 PN
3:10	173 PVE
3:10	179 VL
3:14	36 VL
3:17	14 PN

Francisco Cândido Xavier / Emmanuel

Capítulo Versículo	Capítulo Obra	Capítulo Versículo	Capítulo Obra	Capítulo Versículo	Capítulo Obra
3:17	87 PVE	3:11	27 VL	2:6	167 FV
4:8	18 CVV	3:13	173 CVV	2:10	159 FV
4:11	151 FV	3:17	64 PN	2:11	158 FV
4:12	46 CVV	4:8	122 FV	2:21	96 PN
4:13	119 FV	4:8	99 PN	3:11	95 PN
4:14	170 VL	4:10	61 CVV	3:18	130 VL
4:15	105 PVE	4:10	130 FV	4:1	69 CVV
4:17	99 PVE	4:13	83 CVV	4:6	84 VL
5:3	24 CVV	4:16	80 VL	4:6	109 VL
5:5	80 FV	5:2	26 PN	4:18	4 PVE
5:9	96 PVE	5:3	69 VL	4:20	71 FV
5:9	100 PVE	5:7	8 PN	4:21	23 PVE
5:9	118 VL	**II Pedro**		4:21	167 VL
5:15	86 FV	1:1	154 PVE	**II João**	
5:16	102 FV	1:1	112 VL	1:6	110 VL
5:16	157 VL	1:5	122 PVE	1:8	120 CVV
5:20	178 VL	1:6	121 PVE	1:10	83 VL
I Pedro		1:14	12 PN	**III João**	
1:9	92 VL	1:20	Pref. CVV	1:11	122 PN
1:22	90 VL	1:21	156 CVV	**Judas**	
2:5	133 VL	2:11	131 CVV	1:3	49 VL
2:13	81 CVV	2:14	169 PN	1:10	48 CVV
2:15	60 CVV	2:19	99 CVV	**Apocalipse**	
2:21	171 FV	2:19	132 CVV	2:10	26 CVV
2:21	117 VL	3:17	43 VL	2:21	92 PN
3:8	114 PVE	3:18	46 VL	3:18	135 CVV
3:9	118 PN	**I João**		22:17	152 FV
3:10	80 PVE	1:7	41 PVE	22:20	10 FV
3:10	109 PVE	2:6	134 FV		
3:11	79 FV				

Índice geral[11]

A
Ação
  reflexo – 178
  cultivo – 121
Afinidade familiar – 162
Além-Túmulo
  notícia – 9
  paisagem – 94
Alimento – 172
  caridade – 5
  corpo – 20
  desvio – 27
  fantasia – 172
  felicidade – 20
  flagelo – 148
  indivíduo – 19
  paixão – 122
  problema – 82
  tormento – 169
  tribulação – 119
Amargura
  combate – 123
  Paulo, Apóstolo – 123
Amizade
  cultivo – 121
Amor
  ascensão – 130
  coração – 90
  dívida – 150
  Evangelho – 90, 167
  interpretação – 90
  João, Apóstolo – 167
  palavra – 130
  Pedro, Apóstolo – 90
Ananias
  Jesus – 125
  Paulo de Tarso – 149
Ascensão espiritual
  melindre – 134
  regeneração – 30
  renovação – 86
Atividade
  orientação – 96
  simbologia – 114
Atos dos Apóstolos
  Ananias – 149
  fé – 12
  oração – 98
  Paulo de Tarso – 149
  Pentecostes – 103
  perseverança – 39
  salvação – 88
Avareza
  conceito – 52
  consequência – 52
  Jesus – 52

B
Barnabé – 12
Bem
  caridade – 116
  colaboração – 71
  cultivo – 53
  habilitação – 78
  ideia – 72
  instrumento – 31
  Paulo, Apóstolo – 25
  realização – 25
  transvio – 73

C
Calvário
  Jesus – 11, 41, 104
  Mateus, Apóstolo – 104
Campo de serviço
  alma – 5
  antítese – 163
  formação – 71
  simbologia – 68
Caridade
  antítese – 163
  conceito – 116
  crença – 116
  egoísmo – 143
  espinho – 180
  Evangelho – 116
  irmandade – 163
  João, Apóstolo – 110
  liberdade – 128
  limitação – 116
  luz – 110
Casa espiritual
  Cristo – 133
  simbologia – 133
Catolicismo – 2, 13, 164
Confiança
  edificação – 131
  Jesus – 82

[11] N.E.: Remete ao número do capítulo.

perda – 82
Consciência
  Espírito – 124
  obscura – 131
  Paulo de Tarso – 131
Corpo físico
  alma – 20
  dor – 23
  enfermidade – 20
  fealdade – 166
  hábito – 169
  morte – 20, 23
  mudança – 28
  serviço – 20
Corrupção – 53
Crença
  conquista – 40
  Cristianismo – 13
  experiência – 129
  materialismo – 129
  recurso – 92
Crente
  culto exterior – 146
  disposição – 56
  espiritualidade – 115
  fé – 146
  sofrimento – 117
Crime
  atitude – 62
  falatório – 73
Crise – 58
Cristão
  atitude – 39
  convicção – 88
  dor – 154
  esperança – 75
  estagnação – 176
  facilidade – 165
  fraternidade – 145
  padecimento – 80
  Simão Pedro – 117
  testemunho – 79, 89
  visão – 39

Cristianismo
  aprendiz – 70
  casamento – 137
  domínio – 56
  dúvida – 124
  espiritualidade – 49, 53, 133
  individualidade – 13
  modernidade – 7
  morte – 151
  panaceia – 176
  perseguição – 47
  queixa – 118
  sabedoria – 57
  sentimento – 89
  tarefa – 76
Cristo
  advertência – 101
  apostolado – 121
  aprendizado – 111
  banquete – 93
  conselho – 63
  culto – 99
  discípulo – 139
  egoísmo – 13
  espiritualidade – 133
  evangelismo – 72
  Igreja – 55
  inspiração – 125
  interpretação – 174
  Lázaro – 151
  luz – introd.
  maldade – 62
  Paulo, Apóstolo – 7, 55
  pegadas – 34
  renovação – 11
  servidor – 4
  temperança – 66
  título – 117
  trabalhador – 68
Cristo ver também Jesus
Cultura espiritual
  exclusão – 159

Cura
  reajustamento – 157
D
Derrotista – 86
Desencarnação
  conquista própria – 158
Desequilíbrio
  causa – 157
  fator – 73
Deus
  vontade – 4
  homem – 2
Disciplina
  paz – 66
  salvação – 113
Divindade
  revolta – 138
Dom divino – 69
Dor
  finalidade – 79
  glória – 80
Doutrina
  aproveitamento – 14
  vaidade – 14
E
Educação divina – 22
Egoísmo
  carta espiritual – 143
  coração – 13
  Cristo – 13
  homem – 150
  imediatismo – 108
  Jesus – 13
  magnetismo – 7
  mediunidade – 143
  nobreza – 108
  problema – 99
  vida eterna – 69
Enfermidade
  morte – 20
  procedência – 157
Escola
  apóstolo – 56

Vinha de luz

subordinação – 59
mundo – 114
Esforço pessoal
  adiamento – 170
  vida – 173
Esperança
  benefício – 75
  cristão – 75
  Evangelho – 75
  Humanidade – 120
  Jesus – 75
  luz – 75
  Paulo, Apóstolo – 75
  simbologia – 66
Espírita
  egoísmo – 69
  exemplo – 69
  responsabilidade – 69
  sabedoria – 69
  tarefa – 69
Evangelho
  mediunidade – 127, 143, 145
  problema – 25
Espírita
  doutrinador – 2
  entendimento – 60
  médium – 2
  mediunidade – 13
  Paulo de Tarso – 89
Espírito
  consciência – 124
  construção – 71
  tesouro – 11
  orientação – 78
Espírito Santo
  Atos dos Apóstolos – 12
  João, Apóstolo – 11
Espiritualidade
  negação – 39
Evangelho
  amor – 90, 167
  aprendiz – 18, 82
  caridade – 116

corrigenda – 22
crescimento – 46
decreto humano – 59
dificuldade – 18
discípulo – 1, 5, 106, 124
esperança – 75
Espiritismo – introd.
espiritualidade – 57
fidelidade – 77
imortalidade – introd.
interioridade – 118
interpretação – 152
Jesus – 1, 81, 91
João Batista – 19
mundo – 135
paz – 155
plataforma – 59
política – 59
propósito – 98
queixa – 118
responsabilidade – 128
salvação – 92
sensacionalismo – 1
simbologia – 93
Terra – 132
vitória – 24

F

Farisaísmo
  crucificação – 61
  enfermidade – 54
  Evangelho – 61
  influenciação – 54
  Jesus – 54
  Lázaro – 61
  Marco, Apóstolo – 145
  orgulho – 54
  privilégio – 54
  trabalho – 61
Fé – 141
  amor – 164
  benefício – 36
  busca – 18
  comércio – 92
  conceito – 92

consolidação – 45
crescimento – 40
desrespeito – 42
discípulo – 5
extensão – 76
imposição – 76
Jesus – 45
Judas, Apóstolo – 49
manifestação – 82
objetivo – 92
Paulo, Apóstolo – 99
privilégio – 40
sectarismo – 55, 147
simbologia – 141
sofrimento – 131
testemunho – 25, 119
trabalho – 115
transferência – 40
transformação – 14
tribulação – 102
Felicidade
  alma – 20
  divindade – 120
  fonte – 65
  sacrifício – 165
Fidelidade – 57
Fortuna material – 162
Fraternidade
  cristão – 145
  gratidão – 118
  interiorização – 24

G

Guerra – 53, 97

H

Homem
  abominável – 43
  bem – 162
  bênção – 29
  cegueira – 33
  compreensão – 150
  criatividade – 71
  Deus – 2, 48
  egoísmo – 150

erro – 120
espiritual – 133
força – 63
iluminação – 11
inimigo – 41
lei divina – 94
livre-arbítrio – 94
luz – 33
missão – 32
negócio – 2
patrimônio – 28
paz – 65
religiosidade – 120
responsabilidade – 85
santificação – 72

I
Imediatismo – 108
  Paulo, Apóstolo, vida – 55
Inimizade
  cultivo – 41
Injustiça
  crime – 53
Inquisição
  tribunal – 102
Intemperança
  mundo – 112
Inverno
  esperança – 66
  interpretação espiritual – 66, 113
  Paulo, Apóstolo – 66
  sofrimento – 66
  velhice, sofrimento – 113

J
Jesus
  Ananias – 125, 149
  apóstolo – 58
  aprendiz – 7, 83
  Barnabé – 12
  bom senso – 63
  calvário – 11, 41, 104
  código – 77
  colaborador – 117

crença – 13
crítica – 103
desígnio – 3
Deus – 42, 83
diapasão – 124
discípulo – introd.
dúvida – 60
endemoniado – 111
ensinamento – introd., 13, 47
escândalo – 101
esperança – 75
Evangelho – 1, 91
face – 63
fariseu – 54, 100
fé – 45
fuga – 113
indiferença – 86
individualidade – 168
Jairo – 100
Jerusalém – 55
Jesus – 168
joio – 106
Judas – 100
Lázaro – 61
lição – 70, 133
lobos – 144
luz divina – 33
mal – 57, 62, 107
Marcos – 67
Marta – 3, 151
martírio – 144
multidão – 6, 47, 51, 85
mundo – 146
objetivo – 81
padecimento – 125
palavra – 70
pão – 6, 91
paz – 65, 105, 155
pedido – 35
perdão – 62
poder – 46
Pôncio Pilatos – 100

porta estreita – 20
precursor – 76
problema espiritual – 81
promessa – 101, 146
recomendação – 1
Reino de Deus – 18, 85, 161, 177
sabedoria – introd.
sacerdote – 59
santificação – 139
seguidor – 103
serviço – 68
silêncio – 77
Simão Pedro – 45
sintonia – 3
sofrimento – 128
testemunho – 114, 165
trabalho – 67, 78
verdade – 10
vergonha – 51
vida – 100
vigilância – 132
Zebedeu – 100

Jesus *ver também* Cristo
João Batista, o precursor
  conselho – 19
  Evangelho – 19
  Jesus – 76
João, Apóstolo
  amor – 130, 167
  caridade – 110
  Deus – 42, 84
  doutrina – 83
  Espírito Santo – 11
  Lázaro – 61
  ressurreição – 151
Joio
  cultivo – 53
  eliminação – 107
Jornada humana – 84
Judas, Apóstolo
  fé – 49
  Mateus, Apóstolo – 104

Justiça – 161
L
Consanguinidade – 79
Lar
  base – 134
  pais – 135
  religiosidade – 88
  responsabilidade – 19
Lázaro
  farisaísmo – 61
  Jesus – 61, 151
  João, Apóstolo – 61
  simbologia – 61
L
Liberdade
  aproveitamento – 128
  caridade – 128
  Paulo, Apóstolo – 128
Livre-arbítrio – 94
Lucas, Apóstolo
  avareza – 52
  cego de Jericó – 34
  Jesus – 9
  mal – 47
  paz – 85
Luz espiritual – 96
M
Magnetismo
  egoísmo – 7
  Jesus – 47
Mágoa
  desconfiança – 123
Mal
  combate – 79
  dissolvente – 62
  Jesus – 62
Mandato espiritual
  mediunidade – 14
  modalidade – 110
  Paulo, Apóstolo – 5, 116, 128, 143, 162, 163
  Reino divino – 110

Marcos, Apóstolo
  aviso – 67
  fariseus – 145
  Jesus – 67
  servidão – 56
  vigilância – 87
Maternidade
  missão – 135
Mateus, Apóstolo
  endemoniado – 111
  escritura – 94
  Judas – 104
  multidão – 17, 91
Mal hábito – 169
Mediunidade
  carta espiritual – 14
  credencial – 127
  Espiritismo – 127, 143, 145
  fariseu – 145
  ferramenta – 127
Médium
  inferioridade – 145
Mente humana
  iluminação – 96
  véu – 26
Mestre *ver* Jesus
Morte
  boa vida – 170
  corpo físico – 20, 23
  crescimento espiritual – 158
  cristianismo – 151
  enfermidade – 20
  realidades – 3
  significado – 122
  teoria – 158
  vida eterna – 122
Multidão
  corrigenda – 53
  educação – 17
  Jesus – 6, 47, 51, 85
  lei – 6
  Mateus, Apóstolo – 17, 91

necessidade – 17
porta larga – 20
sacerdócio – 6
transformação – 24
O
Obreiro divino – 95
Ofensor – 157
Oração
  Atos dos apóstolos – 98
  benefício – 21
  característica – 98
  poder – 98
  resposta – 166
  uso – 176
  vigiai – 87
Orgulho
  escriba – 54, 161
  vida – 84
Pai
aperfeiçoamento – 153
Evangelho – 135
Jesus – 125
lar – 135
paternidade – 136
Paixão
  alma – 122
  exploração – 6
  libertação – 78
Palavra – 16, 97
  abuso – 72
  arrependimento – 179
  evolução – 73
  Jesus – 70
  medicamento – 131
  veneno – 73
Paternidade
  caráter – 135
  divina – 36
  separação – 84
Patrimônio material – 84
Paulo, Apóstolo
  amargura – 123
  Ananias – 125

ânimo – 31
assédio – 141
bem – 82
benevolência – 38
caridade – 5, 116, 128, 162, 163
combate – 79
consciência – 131
conversão – 26
cooperador – 48
crença – 13
Deus – 4, 30, 71, 95, 127, 138
doutrina – 14, 15, 16
Efésios – 126
epístola – 143
esperança – 75
eternidade – 122
falatório – 73
fariseu – 15
fé – 99, 141
fermento – 64
grego – 7
herdeiro – 120
holocausto – 21
inverno – 66
Jerusalém – 50
Jesus – 7, 8, 55, 95, 100, 168
Judeu – 7
lição – 121
obediência – 126
obra – 25
obreiro – 74
Onesíforo – 95
orientação – 37
perseguição – 77
poder – 32
próximo – 50
Romanos – 120
salvação – 140
sementeira – 53
sentimento – 89
socorro – 149

Tessalonicenses – 154, 155
Timóteo – 66, 131
tribulação – 119, 142
viagem – 28
vida conjugal – 137
virtude – 71
Paz
  busca – 27
  conceito – 105, 155
  digno – 65
  disciplina – 66
  divina – 109
  Evangelho – 155
  homem – 65
  intimidade – 65
  Jesus – 65, 105, 155
  Lucas, Apóstolo – 85
  manutenção – 37
Pedro, Apóstolo
  abominável – 43
  amor – 90
  fé – 45, 92
  herança – 69
  Jesus – 45, 46, 117
  padecimento – 80
  palavra – 27
  paz – 27
Pensamento
  discórdia – 36
  energia – 97
  lição – 126
  pureza – 131
Pentecostes
  Atos dos Apóstolos – 103
  lição – 103
  palavra – 103
  Simão Pedro – 100
  perseverança – 39
Perdão
  Jesus – 62
Perversidade
  reconhecimento – 63
Poder
  empréstimo – 32

finalidade – 32
Jesus – 46
Pôncio Pilatos
  Jesus – 100
Porta estreita
  Jesus – 20
  reencarnação – 20
  significado – 20
Prece
  ação – 21
  aflição – 98
  desequilíbrio – 21
  dominical – 57
  renovação – 98
  problema – 148
  incompreensão – 88
Prece *ver também* Oração
Problema espiritual
  exame – 148
Protestante – 2
Prova
  aproveitamento – 80
  corrigenda – 22
  simbologia – 114

Q
Queixa
  conceito – 118
  Evangelho – 118
  Tiago, Apóstolo – 118

R
Razão
  chamamento – 63
Redenção
  preço – 142
  serviço – 26
Reencarnação
  cristão – 64
  esquecimento – 64
  fermento velho – 64
  porta estreita – 20
Regeneração espiritual – 169
Reino de Deus
  começo – 161

edificação – 177
Jesus – 18, 85, 161, 177
lançamento – 85
Religiosidade – 13
Renovação
  demonstração – 99
  testemunho – 101
Responsabilidade
  espírita – 69
  Evangelho – 128
  exoneração – 128
Resposta celeste
  compreensão – 166
  inibição – 166
Ressurreição
  luz – 9
Revelação espiritual – 9
Riqueza – 93

S
Sabedoria – 72
Salvação
  Atos dos Apóstolos – 88, 129
  capacete – 140
  disciplina – 113
  Evangelho – 92
  Paulo, Apóstolo – 140
  vantagem – 129
Santuário
  doméstico – 15
  interior – 133
  Paulo, Apóstolo – 138
Semeadura – 15
Semente
  inércia – 172
  simbologia – 171
  transformação – 171
Sentimento
  conflito – 84
  controle – 29
  faccioso – 36
  Paulo, Apóstolo – 89
  paz – 29

superior – 89
Tiago, apóstolo – 36
Serviço cristão
  esforço – 49
Servidor infiel
  bem – 91
  conduta – 74
Simão Pedro
  cristão – 117
  Pentecostes – 100
Socorro divino
  bajulação – 117
Sofrimento – 153
  inverno – 66
  Jesus – 128
  piedade – introd.
  renovação – 138

T
Tempo
  meditação – 23
  utilização – 23
Terra
  alimento espiritual – introd.
  aperfeiçoamento – 60
  domicílio – 28
  educação – 28
  escola – 155
  Evangelho – 132
  facilidade – 67
  Jesus – 126
  perversão – 1
  verdade – 175
Testemunho cristão – 2
Texto sagrado
  interpretação – 90
Tiago, apóstolo
  bênção – 179
  conversão – 178
  queixa – 118
  remédio – 157
  sentimento – 29

Timóteo
  Paulo, Apóstolo – 66, 131
Trabalho
  amor – 31
  ausência – 171
  bênção – 60
  ignorante – 48
  indecisão – 67
  medo – 31
  oportunidade – 38
  pequeno – 38
Tribulação
  alma – 119
  fé – 102
  Paulo, Apóstolo – 119, 142
  produção – 142
  proveito – 80
  tempestade – 119
Trombeta – 124

V
Vaidade – 4
Valor espiritual – 16
Verdade
  ensino – 102
  espírito – 109
  estágio – 175
  Jesus – 10, 175
  proclamação – 10
  pura – 175
  sofrimento – 119
  Terra – 175
Vida
  benefício – 52
  dignificação – 17
  Espiritismo – 173
  eterna – 69, 144
  expiação – 96
  felicidade – 173
  função – 158
  Igreja – 55
  morte – 122
  patrimônio – 71

Paulo, Apóstolo – 122
pedido – 35
posse – 49
provação – 122
religiosidade – 2
resumo – 10
revelação – 03

sentimento – 29
superior – 50
transformação – 122
Vida conjugal
  cristianismo – 137
  Paulo, Apóstolo – 137
  tragédia – 137

Vigilância
  Jesus – 132
  patrimônio – 132
Virtude
  disciplina – 180

Tabela de Edições
Vinha de Luz

EDI.	IMP.	ANO	TIR.	FORM.
1	1	1952	10.064	11x16
2	1	1958	10.064	11x16
3	1	1972	10.000	11x16
4	1	1977	10.200	11x16
5	1	1979	10.200	11x16
6	1	1981	10.200	11x16
7	1	1983	10.200	11x16
8	1	1984	10.200	11x16
9	1	1986	15.200	11x16
10	1	1987	25.000	11x16
11	1	1990	20.000	11x16
12	1	1993	20.000	11x16
13	1	1994	20.000	11x16
14	1	1996	25.000	11x16
15	1	1998	20.000	11x16
16	1	2001	3.000	11x15,5
17	1	2001	5.000	11x15,5
18	1	2002	5.000	11x15,5
19	1	2003	10.000	11x15,5
20	1	2004	10.000	11x15,5
21	1	2004	6.722	11x15,5
22	1	2005	1.000	11x15,5
23	1	2005	5.000	11x15,5
24	1	2006	5.000	11x15,5
25	1	2006	5.000	11x15,5
26	1	2007	6.000	11x15,5
27	1	2008	8.000	11x15,5
27	2	2008	10.000	11x15,5
27	3	2009	15.000	11x15,5
27	4	2011	7.000	11x15,5
27	5	2011	8.000	11x15,5
27	6	2012	7.000	11x15,5
28	1	2015	10.000	10x15
28	2	2016	6.000	10x15
28	3	2017	5.500	10x15
28	4	2017	6.000	10x15
28	5	2018	3.500	10x15
28	6	2018	3.500	10x15
28	7	2019	3.200	10x15
28	8	2019	3.000	10x15
28	9	2020	6.500	10x15
28	10	2022	1.500	10x15,5
28	11	2022	5.000	10x15,5
TOTAL DE EXEMPLARES: 396.750				
EDI.	IMP.	ANO	TIR.	FORM.
1	1	2005	10.000	14x21
1	2	2011	2.000	14x21
1	3	2012	10.000	14x21
1	4	2013	10.000	14x21
1	5	2014	3.000	14x21
1	6	2014	5.000	14x21
1	7	2014	8.000	14x21
1	8	2015	6.500	14x21
1	9	2016	3.000	14x21
1	10	2017	3.500	14x21
1	11	2018	3.500	14x21
1	12	2018	2.000	14x21
1	13	2019	1.400	14x21
1	14	2019	1.000	14x21
1	15	2020	3.000	14x21
1	16	2021	3.000	14x21
1	17	2022	1.500	14x21
TOTAL DE EXEMPLARES: 76.400				
EDI.	IMP.	ANO	TIR.	FORM.
1	1	2022	6.000	15,5x23
TOTAL DE EXEMPLARES: 6.000				
TOTAL: 479.150				

O QUE É ESPIRITISMO?

O Espiritismo é um conjunto de princípios e leis revelados por Espíritos Superiores ao educador francês Allan Kardec, que compilou o material em cinco obras que ficariam conhecidas posteriormente como a Codificação: *O livro dos espíritos*, *O livro dos médiuns*, *O evangelho segundo o espiritismo*, *O céu e o inferno* e *A gênese*.

Como uma nova ciência, o Espiritismo veio apresentar à Humanidade, com provas indiscutíveis, a existência e a natureza do Mundo Espiritual, além de suas relações com o mundo físico. A partir dessas evidências, o Mundo Espiritual deixa de ser algo sobrenatural e passa a ser considerado como inesgotável força da Natureza, fonte viva de inúmeros fenômenos até hoje incompreendidos e, por esse motivo, são tidos como fantasiosos e extraordinários.

Jesus Cristo ressaltou a relação entre homem e Espírito por várias vezes durante sua jornada na Terra, e talvez alguns de seus ensinamentos pareçam incompreensíveis ou sejam erroneamente interpretados por não se perceber essa associação. O Espiritismo surge então como uma chave, que esclarece e explica as palavras do Mestre.

A Doutrina Espírita revela novos e profundos conceitos sobre Deus, o Universo, a Humanidade, os Espíritos e as leis que regem a vida. Ela merece ser estudada, analisada e praticada todos os dias de nossa existência, pois o seu valioso conteúdo servirá de grande impulso à nossa evolução.

Codificação
Allan Kardec

- O livro dos Espíritos
- O livro dos Médiuns
- O Evangelho segundo o Espiritismo
- O Céu e o Inferno
- A Gênese
- O que é o Espiritismo
- Obras Póstumas

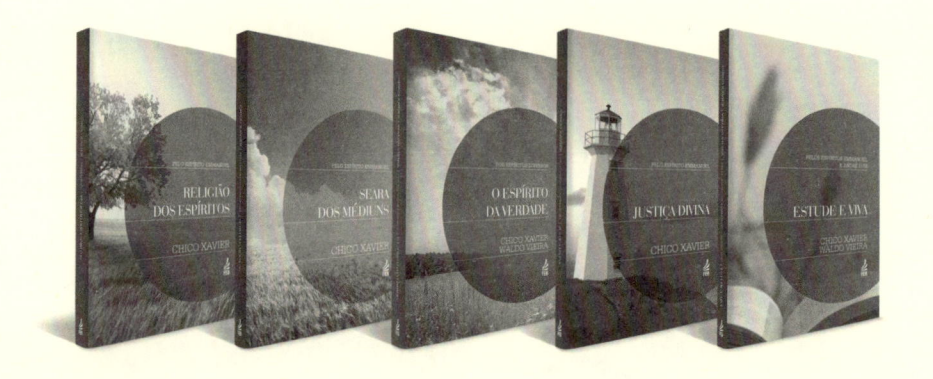

COLEÇÃO
ESTUDANDO A CODIFICAÇÃO

Uma das mais belas coleções da literatura espírita, composta pelos livros *Religião dos espíritos*, *Seara dos médiuns*, *O Espírito da Verdade*, *Justiça divina* e *Estude e viva*, apresenta um estudo aprofundado das obras da Codificação Espírita.

FEB
Fonte viva

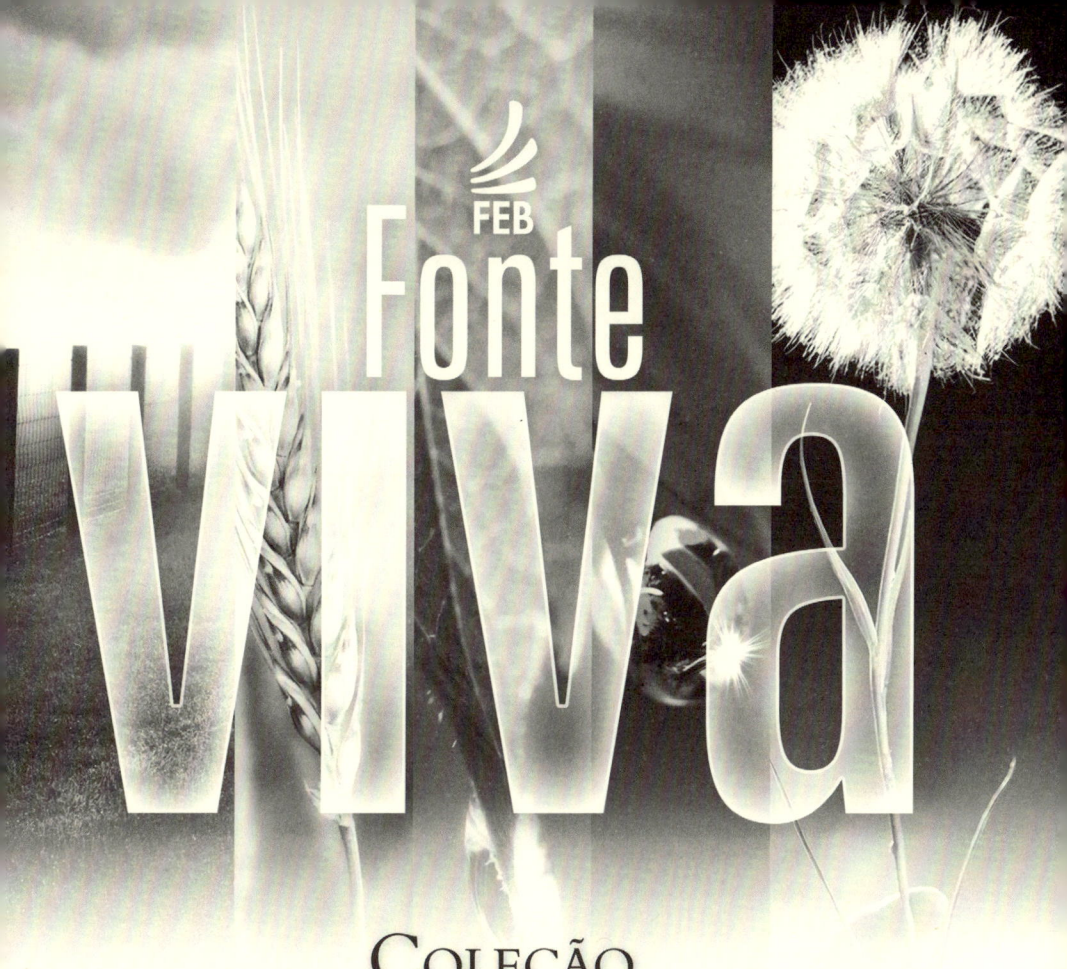

Coleção

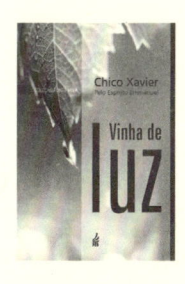

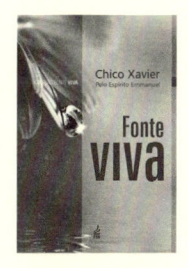

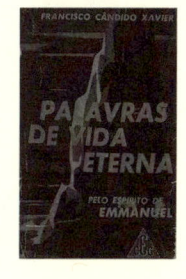

| 1949 | 1950 | 1952 | 1956 | 1964 |

BIOGRAFIA DE
CHICO XAVIER

Um dos mais destacados expoentes da cultura brasileira do século XX, Chico Xavier nasceu em 1910 e, desde os 5 anos, começou a ver e ouvir os Espíritos, tendo estabelecido com eles um relacionamento que deu resultado à publicação de mais de 400 obras.

Esse intenso trabalho foi interrompido apenas em 2002, ano de sua desencarnação, e resultou em um acervo de diversos gêneros literários, como poemas, contos, crônicas, romances, obras de caráter científico, filosófico e religioso.

Testemunhando qualidade literária extraordinária, as obras de Chico Xavier são um autêntico sucesso editorial e já alcançaram mais de 25 milhões de exemplares somente em língua portuguesa. Muitos de seus livros são *best-sellers* indiscutíveis, inspirando a produção de filmes, peças de teatro, programas e novelas de televisão.

De personalidade bondosa, nosso querido Chico sempre se dedicou ao auxílio dos mais necessitados; o trabalho em benefício do próximo possibilitou ao médium a indicação, por mais de 10 milhões de pessoas, ao Prêmio Nobel da Paz de 1981. No ano de 2012, Francisco Cândido Xavier foi eleito "O maior brasileiro de todos os tempos", em evento realizado pelo Sistema Brasileiro de Televisão (SBT).

BIOGRAFIA DE
EMMANUEL

Conhecido por ser o guia espiritual do médium Francisco Cândido Xavier, o Espírito Emmanuel tem atuação de destaque no campo do estudo, prática e divulgação do Evangelho de Jesus a partir da Doutrina Espírita. O mentor fez parte da equipe que auxiliou Allan Kardec na Codificação e assinou a primeira, das duas mensagens, intitulada "O egoísmo", item 11, disponível no capítulo XI de *O evangelho segundo o espiritismo*.

Por meio de suas expressões literárias, Emmanuel revelou suas encarnações mais conhecidas: o senador romano Publius Lentulus, o escravo Nestório, o padre Manuel da Nóbrega e o padre Damiano. O primeiro encontro com Chico Xavier aconteceu em 1931, quando confidenciou ao médium os planos de publicar 30 obras. Emmanuel foi o coordenador de todo o trabalho psicografado por Chico. A parceria entre os dois trouxe à luz mais de uma centena de obras espíritas, das quais 60 fazem parte do catálogo da FEB e três foram inseridas entre os dez melhores livros espíritas do século XX.

Traduzidos para vários idiomas, os livros de Emmanuel englobam romances históricos, mensagens e conselhos espirituais, entre outros, que repassam profundo conhecimento sobre a mensagem do Cristo, seu estudo e sua vivência.

www.febeditora.com.br

/febeditora /febeditoraoficial /febeditora

Conselho Editorial:
Jorge Godinho Barreto Nery – Presidente
Geraldo Campetti Sobrinho – Coord. Editorial
Cirne Ferreira de Araújo
Evandro Noleto Bezerra
Maria de Lourdes Pereira de Oliveira
Marta Antunes de Oliveira de Moura
Miriam Lúcia Herrera Masotti Dusi

Produção Editorial:
Elizabete de Jesus Moreira

Revisão:
Federação Espírita Brasileira e União Espírita Mineira

Capa:
Luciano Carneiro Holanda

Projeto Gráfico:
Luciano Carneiro Holanda
Rones José Silvano de Lima – instagram.com/bookebooks_designer

Diagramação:
Thiago Pereira Campos

Foto de Capa:
http://www.dreamstime.com/littlemacproductions_portx80

Normalização Técnica:
Biblioteca de Obras Raras e Documentos Patrimoniais do Livro

Esta edição foi impressa pela Ipsis Gráfica e Editora S.A., Santo André, SP, com tiragem de 6 mil exemplares, todos em formato fechado de 155x230 mm e com mancha de 118x186 mm. Os papéis utilizados foram o Off white 80 g/m² para o miolo e o revestimento Couché Fosco 150 g/m² para a capa dura. O texto principal foi composto em fonte Adobe Garamond 16/19 e os títulos em Adobe Garamond 32/28. Impresso no Brasil. *Presita en Brazilo.*